JN088006

改正債権法に対応

▼

新しい
融資債権
管理・回収の進め方

基本からやさしく説いたテキストブック

黒木正人
Masato Kuroki

近代セールス社

掲載資料一覧

はじめに

　平成の終わりから令和にかけて、実感のない好景気が長く続き、それと並行して金融機関は、金融円滑化の精神に基づき徹底的に債務者の条件変更に応じたことで、倒産が大きく減りました。

　その結果、金融機関の営業店で債権管理・回収のできる人がまったくいなくなってしまいました。

　そんななか、令和に入り景気の風向きが変わってきたことを感じている金融機関の行職員は多いと思います。

　さらには、全世界に蔓延した新型コロナウイルスによる株式市場の大暴落と金融不安による景気後退、債務者にとっては、コロナ対応施策により融資を借りたものの、据置期間満了後に返済が開始となって資金繰りに行き詰まり倒産してしまう、そんなことも懸念されます。

　また令和2年4月1日に、債権法が約120年ぶりに大改正され施行されました。

　筆者は、長年金融機関で債権管理・回収の研修を行っており、その研修の内容を営業店の債権管理・回収の経験のない人たちに、できる限り平易な言葉で伝えようと本書をまとめました。

　大倒産時代にならないように願ってはいますが、もし融資債権の管理・回収を勉強したいという人がいたら、ぜひ本書を手に取って机の近くに置いて欲しいと思います。

令和2年3月

黒木　正人

目 次

【参考文献】

「営業店担当者のための 債権回収の強化書」（黒木正人・近代セールス社 2013年）

「融資担当者のための改正債権法がよく分かる講座」（近代セールス社 通信教育講座 2019年）

「支店長が読む 融資を伸ばすマネジメント」（黒木正人・近代セールス社 2017年）

「経営者保証ガイドラインの実務対応に強くなる」（黒木正人・ビジネス教育出版社 2014年）

「〔新訂第2版〕担保不動産の任意売却マニュアル」（黒木正人・商事法務 2013年）

「清算・廃業を希望する先への対応も押さえておこう」（黒木正人・近代セールス 2017.7.1号）

「季刊 事業再生と債権管理 165号 特集 債権管理・回収実務 Q&A166問〔2019年版〕」（金融財政事情研究会 2019.7.5）

「金融システムレポート（2019年10月号）」（日本銀行）

「金融再生法開示債権の状況等について」「民間金融機関における『経営者保証に関するガイドライン』の活用実績」「新型コロナウイルス感染症関連情報」（金融庁ホームページ）

「広島市信用組合 平成31年度 ディスクロージャー誌」

「2017年版 中小企業白書」（中小企業庁）

「中小企業の事業承継に関するインターネット調査（日本政策金融公庫総合研究所 2016.2）

「事業者の廃業・清算を支援する手法としての特定調停スキーム利用の手引」（日本弁護士会連合会）

「任意売却パンフレット」（住宅金融支援機構）

「民事第21部（民事執行センター・インフォメーション21）」（東京地方裁判所ホームページ）

１．不良債権比率の業態別推移

　不良債権問題は、アベノミクスでの長い好景気が続き、今ではほとんど声高に叫ばれることはなくなってきましたが、信用金庫・信用組合業界の不良債権比率は、未だに高水準となっています。

　また、日本銀行の「金融システムレポート」（2019年10月号）では、「金融機関の信用コスト率（信用コスト／貸出残高）は、引続き低水準ながら、地域金融機関を中心に上昇に転じている。企業のデフォルト率は足もと若干上昇している」と、景気の風向きが変わってきたことを示唆しています。

＜不良債権比率の業態別推移＞

	14/3	18/3	22/3	26/3	27/3	28/3	29/3	30/3	31/3
都銀	8.7%	1.8%	1.9%	1.3%	1.1%	1.0%	0.9%	0.7%	0.6%
地銀	8.0%	4.5%	3.2%	2.7%	2.4%	2.1%	1.9%	1.7%	1.7%
信金	10.1%	7.1%	5.8%	6.0%	5.5%	4.9%	4.3%	4.0%	3.7%
信組	12.7%	10.7%	8.2%	7.7%	7.2%	6.1%	4.6%	3.9%	3.4%

　不良債権比率の業態別推移を見ると、信金・信組の不良債権比率が他の金融業態と比べて高いことがわかります。

　協同組織金融機関という業界の特徴や地域特性から、不良債権がある程度多いのはやむを得ないとは思いますが、不良債権の判定基準が都銀・地銀より多少緩いことを考えると、その差は数字以上に大きく開いているというのが実態でしょう。

地域金融機関に対しては、平成15年３月に地域密着型金融（リレーションシップ・バンキング＝地域金融機関が、顧客の取引先と長期的な信頼関係を築いて豊富な顧客情報を蓄積し、質の良い金融サービスを提供するというビジネスモデル）の推進が発表され、中小企業とリレーション（関係）を深く持ちながら、同時に不良債権問題を解決していくことを求められました。

　その結果、信金・信組の不良債権はその減り方のカーブが緩やかとなり、都銀・地銀と信金・信組の不良債権比率に大きく差がつくことになったのです。
　景気の転換点を迎え、地域金融機関の不良債権の管理・回収は今後重要度が増すものと思われます。

２．旧態依然の債権管理

　中小の信金・信組業界の債権管理回収業務を見てみると、その対費用効果をまったく考えていないケースが散見されます。
　たとえば、営業店で渉外係が毎月3,000円の不良債権の回収集金を重要な仕事のひとつとして行っていませんか。不良債権を全額回収するのに100年かかるような非効率な仕事を、何の疑問も持たずに行っていませんか。

　渉外係が不良債権の集金をやめて前向きの営業を行った結果の利益と、大きな時間を取られて得た月3,000円の債権償却特別益のどちらの価値が大きいか、考えてみる必要はあると思います。
　中小の地域銀行、信金、信組において不稼働資産が多いことは、経営の非効率を生みます。

広島市信用組合が、この不良債権問題にスポットをあてた独自のビジネスモデル（本業特化のシンプルな経営～集めた預金 [6,454億円] は融資 [5,624億円] に回し [預貸率87.14％]、不良債権は徹底的なバルクセールを行い経営の効率化を図る [不良債権比率2.29％、31年3月末]）で好業績を上げ続けていることを見ればわかります。

３．融資債権管理回収マネジメントとは

　不良債権比率を下げることこそ、融資債権管理・回収マネジメントです。不良債権比率を下げるには、分母である融資残高を増やすか、分子である不良債権残高を減らすしかありません。

　本書では、不良債権残高を減らす方法を学びます。まずは、債権管理・回収の全体像を理解しましょう。

＜債権管理・回収の全体像＞

- ・融資管理→相続、保証（経営者保証 GL）、時効管理、改正債権法への対応
- ・経営改善→経営改善計画による格上、資本性借入金（DDS）、債権放棄（第二会社方式）、再生ファンド、清算廃業への対応
- ・債権回収→倒産の兆候、期限の利益喪失、法的手続き（破産・民事再生・会社更生）、相殺、仮差押、訴訟、担保不動産からの回収（物上代位・収益執行・競売・任意売却）、ABL 回収、保証協会代位弁済
- ・債権売却→バルクセール、償却・引当

　営業店で必要となる債権管理・回収の知識は、これでほぼ80％はカバーできます。本書ではこれらの基本をわかりやすく解説します。

第 1 部

融資管理の重要性

融資管理の重要性

１．融資取引と相続

（1）相続の基本

　現在、日本は人口減少と併せて超高齢化社会が進展しており、営業店においても融資取引に絡んだ債務者、代表者、保証人が死亡するケースが多くなっています。

　融資取引の相続は、それに関連する基本的知識が乏しいと適切に対応することは難しく、融資管理においては最重要の項目です。

　最初に融資相続の基本を確認します。

　融資債務については判例により、債務者が死亡すると、当然に各相続人の法定相続分に応じた分割債務となります。

　これが最重要の基本です。

　具体的には、たとえば債務者に妻と２人の子供（長男・長女）がいたとします。債務者が死亡するとその融資は法律上当然に、妻が２分の１、長男が４分の１、長女が４分の１と相続され分割債務となります。

　これは遺言や遺産分割協議書のあるなしにかかわらず、法律上当然に分割債務となるのです。

　したがって、たとえ融資相続債務について法定相続分と異なる遺言や遺産分割協議が行われても、債権者（金融機関）には対抗できません。

　すなわち、積極財産（現金、預金、不動産など）は遺言や遺産分割協

議書でその帰属を決めることができますが、消極財産（融資や保証債務など）については、債権者の利害に影響が大きいこともあって、相続人が自由に債務の配分を決めたとしても、そのことを債権者に対抗できず、債権者の承諾がなければ許されないのです。

遺産分割協議書があると、すべてそれに従わなければならないと思っている行職員がいるので、注意が求められる最重要ポイントです。

（2）個人債務者の死亡と延滞

個人債務者が死亡した場合、営業店では融資の債務引受手続きが完了するまでは、毎月の返済を受けてはいけないと思い、約定弁済をストップさせる融資担当者を見受けますが、こうした対応は避けた方がよいでしょう。

なぜなら、後の債務引受時に延滞した融資金が多額になって用意することができず、債務引受がスムーズに進まないケースがあるからです。

個人債務者が死亡した場合、融資が延滞とならないように、原則として相続人全員から「相続手続きはまだ確定していませんが、融資金の返済は引続き現在の預金口座から引き落としを行ってください」という内容の念書・依頼書を取り受け、返済を続けてもらいます。

たとえ相続に争いがあり、相続人全員の署名・捺印がもらえない場合でも、署名・捺印をしない相続人にとって、融資を延滞させないことは特段不利益にはならないため、後を引き継ぐと思われる相続人から、同様の念書・依頼書を取り受けて、延滞をさせない方が賢明です。

（3）債務引受の方法

債務引受の方法には、「免責的債務引受」（＝従来の債務者が債務を免れる）と「併存的債務引受」（＝従来の債務者が債務引受人と並んで債

務を負担する）があります。

　免責的債務引受とは、債務の同一性が失われることなく、旧債務者から新債務者に債務が引き継がれ、旧債務者は債務から解き放たれる引受方法です（**資料1**）。

　たとえば、先の相続の例で長男が事業を継ぐので、長男に免責的に債務を引き受けてもらうとします。免責的債務引受では、長男一人に融資全額を引き受けてもらい、妻と長女は責任を免れます。

　責任を免れるということで"免責的"という言葉を使いますが、旧来の実務では、妻と長女には連帯保証人になってもらうのが一般的でした。現在は、事業性融資の場合は原則第三者保証を取り受けないという観点などを考慮し、相続人とよく話し合ったうえで対応します。

　併存的債務引受とは、旧の債務を存続させたまま、引受人が新たに債務者に加わる債務引受の方法です。

　これは先の相続の例では、長男が全額債務引受をしても他の相続人である妻と長女は、各自の相続割合の範囲内で引続き債務を負うことになります。長男と妻・長女の関係は連帯債務となります。

　どちらの方法を取るかですが、一般的に併存的債務引受の方が金融機関にとって安全かつ確実な方法に見えますが、併存的債務引受は後の債権管理が面倒となります。

　したがって筆者は、免責的債務引受での対応を基本と考えています。

　債務者が2,000万円の融資を残して死亡し、先の相続の例で長男が債務引受をするケースでの免責的、併存的それぞれの引受債務金額を確認してみましょう。

資料1　免責的債務引受契約証書

<table>
<tr><td>収入
印紙</td><td colspan="2" align="center">免責的債務引受契約証書</td></tr>
</table>

令和 ○ 年 ○ 月 ○ 日

（甲）飛騨信用組合　御中

債務引受人(乙)　（住所）　○○県○○市○○町○丁目○番○号

（氏名）　**近代　一郎**　　（実印）

債務者(丙)　（住所）　○○県○○市○○町○丁目○番○号

（氏名）　**近代　太郎**　　（実印）

連帯保証人　（住所）

（氏名）　　　　　　　　（実印）

連帯保証人　（住所）

（氏名）　　　　　　　　（実印）

　飛騨信用組合 (以下「甲」といいます。) と、債務引受人 (以下「乙」といいます。) および債務者 (以下「丙」といいます。) は、甲と丙との下記金銭消費貸借契約 (以下「原契約」といいます。なお、原契約締結後に変更契約を締結している場合はその変更契約も含まれるものとします。) につき、以下のとおり債務引受契約を締結しました。

第1条　乙は、甲と丙との間の原契約に基づき丙が甲に対して負担する以下の債務 (以下「本件債務」といいます。) を、丙に代わって引き受けることを約し、甲はこれを承諾しました。

＜債務の表示＞

借　入　日　　令和 ○ 年 ○ 月 ○ 日

当初借入金額　金　**20,000,000**円

現在残高　　　金　**10,000,000**円

利　　　率　　年　**1.60**％（利率の適用方法、利息の計算方法、支払方法等は原契約の定めに従います。）

遅延損害金　　年　**14**％（年365日の日割計算）

第2条　甲は、前条により乙が債務引き受けをしたことにより、丙が本件債務を免れることを確認します。

第3条　乙は、甲に対し、原契約に従い本件債務を履行します。

第4条　連帯保証人は、この契約に基づく債務引き受けを承認し、第1条記載の原契約の定めるところに従い、引き続き乙と連帯して保証義務を負います。

第5条　乙及び丙は、原契約に基づく債務に係る担保及び保証が、本件債務引受後も引き続き当該債務を担保・保証することに同意します。

第6条　組合が現在及び将来の連帯債務者または連帯保証人の一人に対して履行の請求を行った場合には、その効力は債務者他、他の連帯債務者および連帯保証人に対しても及ぶものとします。

第7条　乙は、第三者が組合に対する乙のいっさいの債務について弁済の申出をした場合、組合が、当該弁済について借主の意思に反するものではないものとして取り扱うことに同意します。

第8条　乙は、保証の委託の有無にかかわらず、組合が連帯保証人または連帯保証人になるとする者に対して、主たる債務の元本額、利息、弁済期その他の条件および民法第458条の2所定の情報（主たる債務の元本および主たる債務に関する利息、違約金、損害賠償その他債務に従たる全てのものについての不履行の有無ならびにこれらの残額およびそのうち弁済期が到来しているものの額）を提供することに同意するものとします。

以上

【信用組合使用欄】

<table>
<tr><td>顧客番号</td><td></td><td rowspan="2">部店長印</td><td rowspan="2">印鑑照合</td><td rowspan="2">係印</td></tr>
<tr><td>取扱番号</td><td></td></tr>
</table>

<＜免責的債務引受と併存的債務引受との比較＞

	法定相続	免責的債務引受	併存的債務引受
妻	1,000万円	0万円	1,000万円
長男	500万円	2,000万円	2,000万円
長女	500万円	0万円	500万円

（4）法人融資先代表者の死亡

　代表取締役など法人の代表者は、法人を代表して業務を執行します。代表者が死亡しても法人格には影響しないため、その意味では融資債権に影響が及ぶことはありません。

　会社と代表取締役の関係は委任ですから、代表者の死亡により委任は終了します。相続人が当然に代表取締役に就任するわけではないので、代表取締役が死亡すると代表取締役はいなくなります。

　したがって、新代表取締役が選任されたら代表取締役変更登記を確認し、所定の代表者変更手続きをしてから、新代表者を相手に取引を行えばよいでしょう。もし、代表者が選任されなかった場合は、期限の利益を喪失させて、債権回収に向かいます。

（5）保証人の死亡

　保証債務についても原則、相続人が法定相続分に応じて、分割して保証債務を相続します。特定債務（確定金額の債務保証など）の保証人死亡の場合は、相続人はその特定債務を相続します。

　遺言があっても、その指定相続分を債権者（金融機関）に主張することはできません。また、法定相続分と違う遺産分割協議をしても、それを債権者に主張できないのは主債務と同じです。

　金融機関としては、相続人に引続き保証に加わってもらうか、脱退させるか、通常の保証の脱退・加入の判断を行います。

　根保証人の死亡の場合は、主債務の元本が確定し、相続人はその死亡時に有していた確定保証債務を相続します。根保証の場合、根保証人が死亡した後に発生した債務については、相続しません。

（6）担保権がある場合

　担保がある場合は、変更登記手続きが必要となります。根抵当権の場合と抵当権の場合では手続きが異なるので注意が必要です。

　根抵当権の場合、引続き今後発生する債務を、その根抵当権で担保したい場合には、根抵当権の確定前（相続開始から6ヵ月以内）に、次の①〜③を行います
　①相続を原因とする債務者を法定相続人全員とする債務者変更登記
　②債務引受者（前のケースでは長男）を指定債務者とする合意の登記
　③根抵当権の被担保債権の範囲の変更登記（被担保債権の範囲に債務引受にかかる債権を追加する）

　相続開始から6ヵ月を過ぎてしまうと、根抵当権が確定するので注意が必要です。

　債務者死亡から6ヵ月経過することで、根抵当権は相続開始時に遡って確定し、相続開始時に債務者が負担していた債務のみを担保とする根抵当権となります。それにより元本債権、被担保債権の範囲等が特定し、普通の抵当権に近い状態に大きく制限されることになります。

　抵当権の場合は、次の①、②を行います。
　①相続を原因とする債務者を法定相続人全員とする債務者変更登記

②債務引受を原因とする免責的債務引受者（前のケースでは長男）を
債務者とする債務者変更登記

２．保証の基本と経営者保証

（１）保証の基本

　民法（債権法）改正で大きな影響を受けるのが、「保証」と「時効」
です。まずは保証の基本を確認しましょう。

　金融機関が取る保証は連帯保証です。したがって、連帯保証人には
「催告の抗弁権（まずは借り入れた債務者に返済しろというのが筋だろ
う）」、「検索の抗弁権（まずは借り入れた債務者の財産に法的執行をし
ろ）」、「分別の利益（他にも保証人がいるのだから保証債務の弁済は均
等にしてくれ）」がありません。

　これにより金融機関はどの保証人に対しても、他の保証人とは関係な
く、保証債務の履行を求めることができます。
　若手行職員のなかには、保証責任は頭割りと勘違いしている人がいま
すので、特に連帯保証には「分別の利益」がないことについて、よく理
解しておくことが重要です。

　次に、平成17年４月の民法改正で保証の実務は大きく変わりました。
その主なポイントは次の通りです。

> ・保証契約はすべて書面で行わなければ効力を生じなくなったこと
> ・書面において極度額（利息・損害金を含む）を定めないものは無
> 　効であること

・契約日から5年よりも後日を元本確定日とする約定は無効であること

・約定がない場合は契約日から3年後が元本確定期日となったこと

　改正から15年になろうとしているので、もはやこの点は問題ないでしょう。

　平成23年7月14日には、経営者以外の第三者による個人連帯保証等の慣行の見直しが行われました。

　金融機関は経営者以外の第三者の個人連帯保証を求めないことを原則とし、その例外の運用基準は、「信用保証協会における第三者保証人徴求の原則禁止について」における考え方を基本としていました。

　すなわち、次の場合には第三者保証人にあたらないとされました。

・実質的な経営権を有している者、営業許可名義人または経営者本人の配偶者（当該経営者本人とともに当該事業に従事する配偶者に限る）が連帯保証人となる場合

・経営者本人の健康上の理由のため、事業承継予定者が連帯保証人となる場合

・財務内容その他の経営の状況を総合的に判断して、通常考えられる保証のリスク許容額を超える保証依頼がある場合であって、当該事業の協力者や支援者から積極的に連帯保証の申し出があった場合（ただし、協力者等が自発的に連帯保証の申し出を行ったことが客観的に認められる場合に限る）

　そして、保証契約者本人が経営に実質的に関与していないにもかかわらず、自発的に連帯保証契約の申し出を行った場合には、金融機関から

特段の説明を受けたうえで、契約者本人が自発的な意思に基づき申し出を行った旨が記載され、署名・捺印された書面の提出を受けることにより、当該契約について金融機関から要求されたものではないことを確認したうえで保証を取り受けています。

（2）民法（債権法）の改正における保証実務

　令和2年4月1日施行の民法（債権法）改正では、事業のために借り入れる主たる債務に個人が保証する場合は、保証契約を締結する1ヵ月以内に公正証書で保証意思を確認することが必要になりました。

　第三者保証の適用対象外となるのは次の通りです。

> ・主債務者が法人である場合その理事、取締役、執行役またはこれらに準ずる者
> ・主債務者が法人である場合の総株主の議決権の過半数を有する者
> ・主債務者が個人である場合の主債務者と共同して事業を行う者または主債務者が行う事業に現に従事している主債務者の配偶者

　営業店実務では、事業性融資において第三者保証を取る場合は、公正証書というひと手間が加わることになります。

　次に、「主たる債務者による保証人に対する契約締結時の情報提供義務」を、契約締結時、契約締結後、期限の利益喪失時に分けて説明します。

①契約締結時
　主債務者は、事業性融資の個人保証を依頼する場合には、保証人に対

して次のことを提供しなくてはなりません。

・主債務の財産および収支の状況
・主債務以外に負担している債務の有無並びにその額および履行状況
・主債務に付される担保の有無および内容に関する情報

　仮に、ア.主債務者がこの義務に違反し、または誤った情報を提供し、イ.これにより保証人がその事項を誤認して保証契約を締結した場合で、ウ.債権者（金融機関）がア.の事実を知り得た場合には、保証人は保証契約を取り消すことができます。

　②契約締結後
　債権者（金融機関）は、委託を受けた保証人から請求があったときには、債務不履行の有無や債務の残額などの主債務の履行状況について、情報提供しなければなりません。

　③期限の利益喪失時
　債権者（金融機関）は、主債務者が期限の利益を喪失したときは、2ヵ月以内に個人の保証人に対して、主債務者が期限の利益を喪失したことを通知しなければなりません。
　現在においても実務上、期限の利益の喪失通知を保証人に対しても出していると思いますが、この通知を行わないと、その保証人に対して主債務者が期限の利益を喪失したときから通知をするまでに生じた遅延損害金を請求できなくなります。

（3）経営者保証に関するガイドライン
　平成25年12月5日に全国銀行協会と日本商工会議所は、金融機関、信用保証協会、サービサー、公的金融機関を対象とした経営者保証に関

するガイドライン（以下、「ガイドライン」という）を策定しました。

　このガイドラインは平成26年2月1日から適用され、法的拘束力はありませんが、金融庁がガイドラインの積極的活用を要請していることもあり、金融機関等は自発的に尊重・遵守して現在に至っています。

　経営者保証に関するガイドラインの適用が始まってかなりの年数が経過しましたが、営業店においては、いまだその考え方が十分に浸透していないのが実態です。

　しかし金融の常識は、すでに第三者保証なしの事業性融資はあたり前になっていますし、経営者保証なしの融資も急速に普及しています。

　金融庁発表によると、新規融資に占める経営者保証に依存しない融資の割合（件数ベース）は、平成29年度16.5％、平成30年度19.1％、令和元年度上期21.4％となっています。

　このことから、中小企業・小規模事業者においても思いのほか早く、経営者保証なしの融資を検討するのはあたり前、という時代がやってくると思われます。

＜経営者保証なしの3要件＞

　経営者保証なしの融資、経営者保証を外すために中小企業がなすべき三要件とは、次のようなものです。

　①法人・個人の一体性の解消（法人と経営者個人の明確な資産・経理の分離、法人と経営者間の資金のやりとりの制限）
　②財務基盤の強化（法人のみの資産・収益力で借入れの返済が可能）
　③適時適切な財務状況などの情報開示（財務状況の正確な把握・適時適切な情報開示等による経営の透明性確保）

では、ここでより具体的にこの要件を整理してみます。

①法人・個人の一体性の解消の一般的な要件

・本社、工場、営業車等の法人の事業活動に必要な資産は法人所有となっている
・自宅兼店舗、自家用車兼営業車などの場合、法人から経営者に対し適切な賃料が支払われている
・法人から経営者に対し、事業上の必要性が認められない貸付が行われていない
・法人と経営者との間の資金のやりとりが、社会通念上適切な範囲を超えていない
・個人消費の飲食代等は、法人の経費処理に含まれていない
・経営者に対し取締役会や会計参与、外部監査等を通じたガバナンス機能が発揮されている
・取締役会の適切な牽制機能の発揮のため、取締役または監査役が親族以外の第三者から選任され、取締役会に開催している
・役員報酬の決定プロセスが規定等で明確化されている
・役員報酬・配当・経営者への貸付等が同業・同規模の平均水準を上回っていない
・社内監査体制の確立等に対して外部専門家の検証がなされている
・法人税法を根拠とする同族会社ではない

②財務基盤の強化の一般的な要件

・不動産担保等で保全が充足している
・融資金額に対して十分な資産を有している

- 融資金額に対して十分なキャッシュフローを有している
- 業績が堅調で十分な利益（キャッシュフロー）を確保しており、内部留保もしっかりある
- EBITDA有利子負債倍率（（借入金・社債－現預金）÷（営業利益＋減価償却費））が10倍以内である
- 使用総資本自己資本比率（（営業利益＋受取利息・受取配当金）÷資産の額×100）が10％以上ある
- インタレスト・カバレッジ・レシオ（（営業利益＋受取利息・受取配当金）÷（支払利息＋割引料））が2倍以上ある
- 3期連続して黒字決算であり、将来的にも返済に必要な収益・キャッシュフローの確保が見込まれる
- 2期連続黒字かつ自己資本比率20％以上かつ有利子負債・CF倍率10倍以下である
- 直近期黒字かつ自己資本比率50％以上かつCFがプラスである
- 2期連続黒字かつ資産超過でありかつ有利子負債・CF倍率5倍以下である

③適時適切な財務状況などの情報開示の要件

- 「中小企業の会計に関する基本要領」等に拠った信頼性のある計算書類を作成している
- 貸借対照表、損益計算書の提出のみでなく、これら決算書上の各勘定明細（資産・負債明細、売上原価・販管費用明細等）の提出がある
- 月次試算表に基づいて、最新の財務状況を正確に把握しており定期的な報告がある

・資金繰り表を作成し必要資金の管理を行っており、定期的な報告
　がある
・売上高や利益など、経営の具体的な数値目標（たとえば損益分岐
　点売上高など）や計画を設定している
・金融機関からの財務状況等の報告依頼に対して誠実に対応してい
　る
・会計参与設置会社である
・金融商品取引法の適用を受ける会社、その子会社、関連会社であ
　る
・税理士法33条の2に規定する計算事項等を記載した書面を税理
　士が作成している

　代表的な要件を列挙しましたが、当然ながらすべてを充足しなければ
ならないわけではありません。各金融機関は、その充足状況に応じて柔
軟に経営者保証のない融資を検討することになります。

＜事業承継とガイドライン＞

　今までは事業承継時に後継者に対して、前経営者が負担する保証債務
を当然のように引き継がせていたというのが融資実務でした。
　令和1年12月24日に「経営者保証に関するガイドライン研究会」から、
ガイドラインの督促が公表されました。その対象債権者（金融機関）に
おける対応には、次のような記述があります。

　『事業承継時の経営者保証の取扱いについては、原則として全経営者、
後継者の双方から二重には保証を求めないこととし、後継者との保証契
約に当たっては経営者保証が事業承継の阻害要因となり得る点を十分に

考慮し保証の必要性を慎重かつ柔軟に判断すること、前経営者との保証契約については、前経営者がいわゆる第三者となる可能性があることを踏まえて保証解除に向けて適切に見直しを行うことが必要である。』

　このように原則「二重に取り受けることは禁止」というのが、最新の考え方です。また、債権の管理では、前経営者との保証契約の継続・解除が問題となります。
　その点について特則では、次のような記述があります。

　『保証契約の見直しを検討した上で、前経営者に対して引き続き保証契約を求める場合には、前経営者の株式保有状況（議決権の過半数を保有しているか等）、代表権の有無、実質的な経営者・支配権の有無、既存債権の保全状況、法人の資産・収益力による借入返済能力等を勘案して、保証の必要性を慎重に検討することが必要である。特に、取締役等の役員ではなく、議決権の過半数を有する株主等でもない前経営者に対し、止むを得ず保証の継続を求める場合には、より慎重な検討が求められる。』

　この考え方を基本に、全経営者との保証契約について検討します。

　最後に、金融庁が公表している「経営者保証に関するガイドライン」の活用に係る参考事例集には、具体的な取組み事例が数多く記載されています。
　それらは広く実践されることが望ましい取組みを取りまとめたものですので、それを参考にして、ガイドラインの活用方法を考えて推進するのがよいと考えます。

3．時効の管理

（1）民法（債権法）の改正を踏まえた時効の基本

　債権管理では、時効も重要な問題ですが、昨今では不良債権をバルクセールにより売却処理することが一般的となり、時効が成立する前に債権を売却してしまうことが多くなったので、時効について以前ほど気にかけることは少なくなりました。

　時効とは、権利があっても権利を行使しないという状態が長く続いた場合に、その権利を消滅させる制度です。

　金融機関の時効は、2020年3月31日までは、銀行は商事債権の5年、協同組織金融機関である信金・信組などは債務者が事業性の場合は5年、個人（住宅ローンなど）は民事債権の10年で管理されていました。

　2020年4月1日以降は、民法（債権法）改正により、金融機関の時効はすべて5年で管理することが基本となりました。

　銀行は時効の管理について民法改正の影響はありませんが、信用金庫、信用組合などでは、消滅時効の期間が短くなるので注意が必要です。

（2）時効の更新（中断）と完成猶予（停止）

　改正民法では、時効の「中断」については「更新」、「停止」については「完成猶予」という文言を使用することになりました。

　①時効の更新事由

　裁判上の請求、支払督促、民事訴訟法上の和解、民事調停法等による調停、破産手続参加、再生手続参加または更生手続参加等の事由は、確定判決または確定判決と同一の効力を有するものによって権利が確定し

たときは、各事由が終了したときから更新され、新たに時効が進行します。

　裁判上の請求とは訴訟を起こすということです。
　支払督促とは、申立人の申立てのみに基づいて、簡易裁判所の書記官が相手方に金銭の支払いを命じる制度です。この制度は書類審査のみで迅速に解決が図れるものですが、異議申立があると、通常の民事訴訟の手続きに移行されます。
　ただし、訴訟・支払督促を取り下げると時効が完成してしまうため注意が必要です。

　次に、強制執行等（強制執行、担保権の実行、民事執行法による競売等）による事由についても、同様に更新および完成猶予が定められました。改正民法148条は、強制執行、担保権の実行などをあげています。
　具体例として、担保不動産の競売は担保権の実行になりますから、自らの担保権に基づいて競売を申し立てれば、時効の更新事由となります。しかし、他の債権者による競売に債権届を提出しても、時効の中断とはなりません。

　物上保証人の所有する担保不動産の競売の場合は、判例〔最判昭和50.11.21〕により開始決定が主債務者に送達された場合は時効の更新となります。
　では、競売の開始決定が主債務者に届かなかった場合は、どうなるのでしょうか。

　開始決定が主債務者に届かなかった場合や付郵便送達（郵便で送達をしたが、主債務者が不在などのために交付できなかった場合に、裁判所

書記官の裁量により送達すべき場所に開始決定を書留郵便に付して発送することによる送達方法）によりなされたものの結局届かなかった場合は、判例〔最判平成7.9.5〕により時効の更新とはなりません。

この場合、競売開始決定が公示送達の方法（所在不明などの理由により書類の送達ができない場合に、一定期間裁判所の掲示板に掲示することで、送達の効力を生じさせる方法）でなされた場合には、たとえ主債務者に開始決定が届かなかった場合でも判例〔最判平成14.10.25〕により時効は更新することになりますので、実務としては公示送達を申し立てることになるでしょう。

承認は引続き時効の更新事由となっています。

承認による時効更新における一つの方法は、債務承認書（債務を承認する旨の承認書）を取り受けることです。債務承認書に署名と実印捺印を受ければベストですが、もし印鑑がなければサインだけでもかまいません。

債務承認書は取り受けたら確定日付を取っておきます。

また債務承認書を取り受けるときは、保証意思の確認時のように、そのときの様子を克明に記録した書面を残しておくことが望ましいといえます。

債務者から弁済を受けることも承認の一つの方法です。

営業店で融資債権が複数ある場合、そのなかの一つだけに弁済を受け続けると、他の融資債権が時効にかかってしまうことがあるので、注意が必要です。

その場合は複数の融資債権に分けて返済してもらいます。

保証人から債務承認書を取り受けたり、弁済を受けたとしても主債務

の時効更新とはならないので、注意してください。

②時効の完成猶予事由

仮差押え、仮処分は時効の更新事由とされず、完成猶予事由（各事由の終了時から6ヵ月を経過するまでの完成猶予）となりました。仮差押え、仮処分は裁判所に申し立てるものですが、時効の更新のためには6ヵ月以内に本訴訟を提起する必要があります。

催告も時効の完成猶予（催告から6ヵ月を経過するまでの完成猶予）となりました。この場合の催告とは、内容証明郵便で催告を行うことです。その後6ヵ月以内に訴訟を提起しないと時効中断の効力が失われてしまいます。

当然のことながら、この催告が使えるのは1回限りのため、時効間際に取り急ぎ行うべきものです。

そのほかに改正民法では、当事者間で協議を行う旨を書面で合意した場合に、合意から一定期間の時効の完成猶予の制度の規定が設けられました。

近年は天災が多く発生していますが、天災等による時効の完成猶予期間は、2週間から3ヵ月に伸長されています。

（3）時効の援用

実は時効になっても、債権が自動消滅する訳ではありません。時効は援用（時効にかかっているから弁済しないと主張すること）をしないとその効力を生じません。

したがって営業店では、実は時効にかかっているとわかっていても、知らないふりをして債務者に請求してもかまいません。

その場合、債務者が時効を知らずに債務承認したらどうなるのでしょう。そのような場合判例〔最判昭和41.4.20〕では、時効完成後に弁済・債務承認をすれば、時効完成を知らなかったときでも、その後は時効の援用をすることは許されないとしています。

時効完成後であれ、債務者が時効にかかっていることを知らずに弁済・債務承認をすれば、そのときから、新たに時効が進行することになります。そして、債務者が時効を知らずに支払ってしまった後に、時効であることに気がつき、時効にかかっていると主張をすることや、支払った金員を返せということはできないのです。

４．改正債権法で変わる債権管理・回収

ここでは、一部復習となりますが、債権法の改正で債権の管理・回収に関わる部分において、大きく変わったポイントを中心に説明します。

（１）金融機関の時効は５年に統一

時効期間が統一されて、権利行使できることを知ったとき（主観的起算点）から５年、権利行使できるとき（客観的起算点）から10年とされました。

融資取引契約における債権については、主観的起算点と客観的起算点は一致すると考えられますから、融資取引の時効は５年ということになります。

金融機関の融資債権において、「債権者が権利を行使することができることを知ったとき」というのは、弁済期の到来時を意味します。

したがって、融資債権の弁済期の到来から５年間債権を行使しなけれ

ば、融資債権の消滅時効が完成することになります。

　銀行においては、現行法において商行為によって生じた債権の消滅時効における時効期間の特則が原則5年だったため、時効管理を5年で行っていました。
　しかし、信用金庫、信用組合、労働金庫、農業・漁業協同組合等の協同組織型の金融機関では商人性が否定されていたことから、債務者が商人であれば時効期間は5年、個人であれば10年とされてきました。

　したがって、融資債権が改正債権法の施行日である2020年4月1日前に成立したものか、後に成立したものかにより、適用される時効期間が異なるため注意が必要です。
　これからは、時効とは5年で管理することが金融機関にとって基本となります。

（2）時効の中断が更新に時効の停止が完成猶予に変更
　民法147条以下に規定されている時効の中断および停止について、「中断」「停止」という言葉の持つイメージと実務に乖離があるとのことから、改正債権法ではこれを解消するために時効の「中断」については「更新」と、時効の「停止」については「完成猶予」との文言を使うことになりました。

　次に、現行民法において「時効の中断（更新）事由」であった仮差押えと仮処分が、改正債権法では「時効の停止（完成猶予）事由」とされています。これは仮差押えと仮処分があくまで仮であり、暫定的な措置であることを踏まえたものです。
　したがって、時効完成を阻止するために仮差押えや仮処分を行うケー

スでは、現在と異なり一時的に時効完成を猶予する効果しかないことに
注意が必要です。

　しかし、現状でも時効中断で仮差押え・仮処分を申し立てるケースで
は、本訴訟を提起するまでの間の時効中断で使われることが一般的なた
め、債権管理回収実務において大きな影響はないものと考えられます。

　次に、協議を行う旨の合意による時効の完成猶予の制度の規定（民法
151条）が設けられました。
　権利についての協議を行う旨の書面による合意がある場合は、①協議
期間を定めなかったときは、合意から1年を経過した日、②協議期間（1
年未満に限る）を定めたときは、当該期間が経過した日、③当事者の一
方が協議の続行を拒絶する旨の書面による通知をした日から6ヵ月を経
過した日、のいずれか早い日までは時効が完成しないことになりまし
た。

　しかし、協議を行う旨の合意による時効の完成猶予の制度は、当事者
間で協議による解決を図っているケースで、時効の完成が近づくと時効
中断のためだけに訴訟を起こさなければならない事態を避けるものであ
り、融資債権の管理回収においては、あえてこれを使うケースはないと
考えられています。

（3）差押えと相殺についての実務が明文化

　改正債権法では、差押え後に取得した債権を受動債権とする相殺につ
いて、現在の判例・融資実務が前提とする無制限説（差押え前に取得し
た債権を自働債権とするのなら、差押え時に相殺適状にある必要はな
く、自働債権と受働債権の弁済期の先後を問わず、相殺を対抗すること

ができるという見解）を採用することが明文化されました。

　融資実務においては、無制限説を前提に実務が行われていることから、これにより相殺による債権回収の実務が変わるものではありません。

（４）譲渡制限特約に反しても債権譲渡は有効

　融資実務において、金融機関が売掛金債権を譲渡担保として取り受けることがあります。

　しかし、その売掛金に譲渡禁止特約が付されているケースでは、金融機関が債権譲渡の効力を債務者に対して対抗するためには、譲渡禁止特約の存在について善意・無過失でなければできませんでした。

　改正債権法では、譲渡制限特約に反する債権譲渡も原則有効とされました。ただし、債務者保護の観点から、譲渡制限の意思表示について悪意または知らないことについて重過失のある譲受人に対しては、債務者は譲受人に対し債務の履行を拒むことができ、また弁済その他の債務を消滅させる事由を対抗することができるとされています。

　つまり、譲渡制限の意思表示にかかわらず債権譲渡は有効となりますが、債務者は一定の場合に履行の拒絶や弁済の対抗ができるというものです。

　このように、譲渡制限特約が付された債権の譲渡が法的に原則有効とされたことにより、債権譲渡担保貸付を行っている金融機関は、今までにも増して売掛金担保による貸付を活用する場面が出てくるかもしれません。

（５）債務者の意思にかかわらず第三者による弁済は有効

　旧民法では、第三者弁済を原則として有効と規定するものの、①債務

の性質がこれを許さないとき、②当事者が反対の意思表示をしたとき、③利害関係を有しない第三者の弁済が、債務者の意思に反するとき、については弁済ができないとされていました。

　改正債権法では、第三者弁済が有効になる場合（債務の性質が許さないときや、契約当事者が反対の意思表示をしたときを除く）は、①第三者弁済について「正当な利益」を有する場合、②第三者が弁済について「正当な利益」を持たないが、債務者の意思に反しない場合、③第三者が弁済について「正当な利益」を持たず、債務者の意思に反する弁済であるが、債務者の意思に反することを債権者が知らなかった場合としました。

　したがって、金融機関は第三者弁済の申し出があったときに、債務者の意思確認ができないとしても、金融機関が債務者の意思に反していることについて善意であれば、その弁済は有効となります。
　そして、第三者弁済が債務者の意思に反していることについての善意か否かの立証責任は金融機関が負います。
　ですから、融資実務では弁済者から「弁済が債務者の意思に反するものではない」旨の書式を取り受けたり、ヒアリングによる確認を記録に残しておくことで、弁済してもらうことになるでしょう。

（６）保証人に期限の利益喪失を通知する

　現行法では、債務者の保証人に対する期限の利益喪失の通知については、特段規定されていませんでした。
　改正債権法では、債権者は主たる債務について期限の利益喪失があったことを知った場合、知ったときから２ヵ月以内に保証人に対してその旨を通知しなければならなくなりました。

通知がなかった場合は、債権者は期限の利益喪失のときから保証人に通知したときまでに発生した遅延損害金について、保証人に対して履行請求できなくなります。

なお、この規定は法人保証には適用されません。

実務においては、期限の利益喪失の通知は基本的に、請求喪失・当然喪失とも保証人に対して出しているものと思います。

その実務を忠実に継続すればいいのですが、預金についての軽微な差押えで当然喪失となった場合に、当然喪失を有効とさせるか、期限の利益を復活させるかどうかで迷うケースでは、すぐさま通知を発送することがないと考えられます。

そうした場合に通知を失念することがありえますので、十分な注意が必要となります。

（７）転得者に対する詐害行為取消権が困難に

詐害行為取消権とは、債権者が債務者の法律行為を一定の要件のもとに取消してしまうことができる権利です。

改正債権法では、相当対価による不動産売却や第三者から転売によって購入した転得者に対する詐害行為取消請求について、債権者（金融機関）が転得者が転得の当時に債務者の行った行為が債権者（金融機関）を害することを知っていたという立証をしなければなりません。転得者の悪意の立証は難しいため、詐害行為取消権の行使は困難になりました。

また詐害行為取消訴訟の提起にあたっては、債務者に対する訴訟告知が義務付けられました。

第2部

企業再生・事業再生の手法

第2部　企業再生・事業再生の手法

1．経営改善計画とバンクミーティング

（1）中小企業金融円滑化法の功罪

　中小企業金融円滑化法（以下「金融円滑化法」という）（平成21年12月4日に施行、2回の延長を経て平成25年3月末に終了）が役割を終えて、かなり年月が経ちました。しかし、この金融円滑化法の精神は永遠といわれていますから、営業店では引続き条件変更には柔軟に対応しているものと思います。

　破綻懸念先がリスケ（＝リスケジュール）を繰り返して倒産しないため、ゾンビ企業のように生き残っています。

　中小企業再生支援協議会（以下「支援協」という）も、円滑化終了後に多くの暫定リスケ計画を策定しました。

　暫定リスケ計画とは、金融円滑化法が期限切れとなった平成25年4月以降に、支援協の認定のもと過去にリスケを繰り返してきた中小企業と金融機関が一緒に策定した、3年間の暫定的な経営改善計画のことです。

　それは確実に先行きの見通せる3年間において、金融機関は引続き返済猶予を許容して、経営者の自覚を醸成し、事業に専念できる時間を確保させ、将来の最適ソリューション（＝経営課題を解決するための方策）に向けて経営改善を促すものでした。

　しかし、3年間が過ぎても、延長、延長と続いています。本来は、基

本的に暫定リスケは最後の返済猶予という位置づけにあるので、暫定リスケを受けた中小企業は、最適なソリューションに向けて抜本的な再生計画を策定する必要が出てきます。

　したがって、営業店の取引先においても暫定リスケが期限を迎え自力再生ができなかった中小企業に対し、資本性借入金、第二会社方式による債権放棄などの抜本的な金融支援を行うか、それとも廃業・倒産に向かうか、リスケを繰り返すかの選別を行う必要が出てきます。

　中長期的な人口減少による地域の経済規模の縮小という経済環境からは、廃業・倒産企業の増加は必至です。
　また支援協は、今後も積極的なDDSや第二会社方式による債権放棄などの抜本的な企業再生を行うといわれています。
　そして、経営者保証のガイドラインにおいて、社長の保証債務の整理も破産することなくできるようになっています。

　これらのことから、筆者は再び企業再生の時代がやってくると考えています。したがって、融資の現場に身を置く営業店長も企業再生の知識が必要となってきます。

（2）バンクミーティング

　経営改善に取り組んでいる取引先のモニタリングを目的とするバンクミーティングで、こんなことがありました。
　その取引先はAとBの2つの事業の柱があり、当初A事業がうまく進んでいましたが、新しく立ち上げたB事業が軌道に乗らず、銀行団で金融支援（DDS）をすることによって資金繰りを安定させ、その間に経営改善を進めてきました。

経営改善に取り組んで約２年、Ｂ事業がようやく軌道に乗ってきましたが、今度は調子の良かったＡ事業にかげりが見えるようになりました。今後の事業展開もＡ事業を取り巻く外部環境をかんがみると、あまり芳しくない未来が想定されています。

　その取引先のメインバンクは信用金庫、サブが地方銀行と政府系金融機関でした。
　当初の金融支援（DDS）についても足並みが揃わず、サブ行からはメイン寄せの提案がなされ、中小企業再生支援協議会が関与した案件にもかかわらず、メイン行がサブ行の２倍の支援をすることで決着した経緯もありました。

　バンクミーティングでは、メインバンクが現下の事業の問題点を指摘し、今後どのように経営改善を行うのかについて議論提起を行いました。地方銀行の担当者はかげりの見えるＡ事業の利益を回復するためには、さらなる経費削減を行うべきだと主張しました。
　政府系金融機関の担当者は、議論での言葉尻を取ってひたすらあたり障りのない評論家的発言に終始しています。

　取引先の社長は、これ以上経費を削ったら、Ａ事業に対する競争力がなくなってしまい将来的に売上が落ち、それに伴って利益もさらに落ち込むことになると主張しています。

　さて、あなたが営業店長ならどう対応しますか。

（３）経営改善計画の考え方
　経営改善計画を策定するにあたっては、①損益（P/L）計画、②資金

繰り計画、③貸借対照表（B/S）計画 (債務超過解消計画) が必要です。そして過去３期分の実績を並べ、その延長線上で今後５～ 10年間の経営改善計画を策定していきます。

中小企業の経営改善計画においては、おおむね５～ 10年後の債務者区分が正常先になる計画、あるいは経営改善計画終了後に自助努力で事業の継続性を確認することができれば、経営改善計画終了後の債務者区分が要注意先でもいい計画が必要です。

中小企業において、作成した経営改善計画が「合実計画」と認められるには、いくつかの要件をクリアしていなければなりません。そのなかで重要な要件は、計画期間終了後の債務者区分が正常先となる計画です。

債務者区分が正常先となるには、次の要件が必要となります。

①債務者単体でなく、中小企業特性（代表者・保証人の損益・資産）を加味して、損益計算書の収支がプラス（経常利益が黒字）となること
②中小企業の特性を加味したうえで、実質的に資産超過（債務超過ではない）であること
③債務償還年数が10 ～ 15年以内であること（ただし業種によってその年限は異なる）

$$＊債務償還年数 ＝ \frac{（長期借入金＋短期借入金）－正常運転資金}{キャッシュフロー（当期純利益＋減価償却費）}$$

※正常運転資金（受取手形＋売掛金＋棚卸資産）－（支払手形＋買掛金）

これが正常先の３要件であり、金融マンは本能的にこう考えるクセがついています。

特に、①の利益を計上させるためには、経費削減すなわち販売管理費を削減させれば、すぐに出すことが可能となりますから、アドバイスの第一歩は経費削減となってしまいます。

しかし、ある程度経営改善が進んできた企業が、さらなる経費削減（人件費削減・広告宣伝費削減・交際費削減など）に取り組むと、企業が負のスパイラルに陥り、事業そのものがシュリンク（＝縮小）してしまい、将来的な売上・利益減少につながってしまう結果となるケースが多いものです。

（4）売上・利益の向上策

やはりここでは発想の転換が必要となります。

そこで経営改善の考え方として、経費削減のアドバイスを封印してみたらどうでしょう。逆張りの発想で、経費を効率的に使って、いかに売上・利益をアップさせるかを、取引先と一緒に考えてみましょう。

そして事業の構造を、①目に見えるもの（商品の見直し・他社の成功事例の取り入れなど）と、②目に見えないもの（ブランド力向上・従業員能力アップ・従業員のやる気向上・サービス向上）に分けたうえで、どんな経費を使って売上・利益を向上させるかを考えるのです。

具体的には、「目に見えるもの」では、経費を使ってワクワク感のある商品を開発する、経営コンサル会社のビジネスクラブ会員となって他社の成功ビジネスモデルを徹底的に模倣する。「目に見えないもの」では、広告宣伝費を使ってブランド力向上の方策を考える、研修費・交際費を使って従業員能力向上・やる気アップを図るなどです。

そうした前向きの経営改善提案には、取引先社長も共感し理解を示す

はずです。

2．資本性借入金（DDS）の活用

（1）資本性借入金（DDS）のメリット・デメリット

　資本性借入金（DDS）とは、企業の借入金を他の債務を返済した後にしか弁済を受けられない劣後ローンにすることです。

　金融庁の定義における資本性借入金とは、金融機関が中小企業等の財務状況等を判断するにあたって、負債ではなく、資本とみなすことができる借入金のことで、「金融検査マニュアル別冊（中小企業融資編）」（2019年12月廃止）において、一定の条件を満たす劣後ローンを金融機関の自己査定上、資本とみなすことができるとしています。

　DDSは、平成23年11月から資本性借入金とみなす場合の条件を、償還条件５年超、金利設定は「事務コスト相当の金利」の設定も可能、劣後条件として必ずしも担保の解除は要しないとの条件を明記したことから、利用しやすくなりました。

　資本性借入金は、こうした直接的な条件の他に経営改善の見通しが不可欠となりますから、併せて経営改善計画（合実計画）を策定します。

　DDSの債務者メリットは次の通りです。

・DDSを絡めた経営改善計画を策定できれば、当該債務者は金融検査上ではあるものの、純資産の増加により債務超過が解消となり、債務者区分がその他要注意先へ格上げとなり、新規の融資が受けられる可能性が出てくること
・資本性借入金部分の返済期間長期化と金利引下げの効果により資

金繰りが安定すること
・経営改善計画に基づいて腰を落ち着けた企業再生ができること

一方、デメリットは次の通りです。

・資本性借入金は融資であることには変わりなく返済義務があること
・金融支援の一種のため、社長の私財提供や経営責任を問われる可能性があること

　金融機関のメリットとしては、債務者区分の格上げによる不良債権比率の減少、場合によっては貸倒引当金の削減につながるケースがあります。しかし、資本性借入金はあくまでも金融検査上借入金を資本とみなすだけのものであり、抜本的に企業の財務状況が改善するものではないことに、注意しなければなりません。

（2）事業再生計画とモニタリング

　DDSを行う場合には、基本として中小企業再生支援協議会などの外部専門家などの関与のもと、綿密な事業再生計画を策定します。

　その内容は、1. 会社概要・事業内容、2. 財産の状況（損益の推移・財産の推移・窮境の状況）、3. 会社の課題（窮境に至った原因・窮境原因の除去可能性）、4. 事業再生計画（当社の事業再生の意義・事業再生計画の基本方針・基本方針に基づく具体的内容・経営責任・金融支援事項）、5. 数値計画（全体計画・個別計画）という項目等でまとめられます。

　そして DDS による金融支援実施後は、およそ３ヵ月ごと、債務者に事業再生計画進捗状況報告書を作成してもらい、モニタリングを行います。モニタリングでは事業再生計画の基本方針に基づき、具体的な実行プランの進捗を確認していきます。

　計画通りに進まない部門は、その時々の外部環境に合わせた実行プランを再策定した小さな PDCA を繰り返すようにします。

　事業再生成功の要因は、経営改善計画の数字のマジックに依存することなく、事業の再生に強く光を当て、たとえば成果のあがらない事業計画はすぐに修正し、常に新しい改善を実直に行うことにあります。

3．第二会社方式による債権放棄

　金融機関が企業を再生させる方法として、「私的再生整理」があります。
　かつては私的整理のガイドラインから始まり、現在では事業再生 ADR、地域経済活性化支援機構 REVIC、中小企業再生支援協議会（以下「支援協」という）の活用などの手法で、一般債権者（通常の商取引の債権者）には内密で事業再生を行い、金融債権者だけが債権放棄などを実行し一般債権者を保護することによって、地域経済に配慮し、連鎖倒産を防止し、地域の雇用を確保することを行っています。

　企業再生の時代が再び到来することはすでに述べましたが、地域金融機関の抜本的な企業再生における将来の最適ソリューションの１番手がDDS であれば、それに次ぐ２番手が債権放棄です。
　債権放棄とは、債権の全部または一部について弁済義務を免除することです。これは法律的には金融機関の一方的な意思表示で有効となります。

しかし、モラルハザードの問題や寄付金課税のリスクを伴うため、支援協など公平な第三者機関を絡ませるのが一般的です。

　債権放棄には、金融機関が直接債権放棄する方法と会社分割などを利用し第二会社に事業を引き継がせ、従前の会社を清算させることで実質的に債権放棄をする方法があります。

　また、その他の債権放棄の方法として、債権を企業再生ファンドに売却する、もしくはバルクセールでサービサー等に売却し、その後売却先が債権放棄をするケースもあります。

　ここでは、一般的によく行われる「第二会社方式」による債権放棄とそれに伴う社長の経営者責任・保証債務の整理について、経営者保証のガイドラインに基づいて解説します。

　第二会社方式では、債務者のバランスシートをGood（＝良い）の部分とBad（＝悪い）の部分に分離し、あらかじめ作っておいた同じ社名の第二会社に、Goodの部分の資産とそれに見合う負債を移します。

　旧会社にはBadの部分の資産と負債を残し、最終的に旧会社の社名をまったく関係のない社名に変えたうえで、特別清算もしくは破産により清算します。

　この企業再生は一般的に、金融機関・債務者・支援協などの中立の第三者が協働して行います。

　この方式の特徴は、債権放棄をするのは金融機関だけで、商売上の一般債権者には通知することもないので、商取引債権は守られ、通常どおりの商取引が継続されることです。

　金融機関が債権放棄に応じるには、1.再生計画の妥当性、2.経済合理性、3.社会的妥当性、4.株主責任・経営責任、5.公正中立な第三者

の関与などがポイントとなります。

　まず、「再生計画」に妥当性があるかどうかは、いうまでもないことです。次に「経済合理性」とは、債務者が破産・民事再生となったときより多額の回収が見込まれるかということです。

　そして「社会的妥当性」とは、債権放棄によって企業が再生した場合、雇用の確保が図れ、取引先の連鎖倒産が防げるかということです。「株主責任」は旧会社が清算することで果たされます。「経営責任」は、経営者保証のガイドラインに従って保証債務の整理をすることで果たすことが可能となります。

　最後の「公正中立な第三者の関与」としては、支援協の関与を得ることでクリアできます。

　支援協の関与する債権放棄では、専門家アドバイザーとして弁護士が「事業再生計画書」について調査・検討した報告書が提出されます。

　その内容は、事業再生の意義、事業再生スキーム・金融支援の必要性・妥当性、経営責任・株主責任・保証人責任の妥当性、営業権（のれん）の評価、再生計画の実行可能性、金融支援の妥当性・衡平性、債権者における経済合理性、スポンサー選定の合理性などあらゆる面から利害関係のない弁護士の意見が付されるので、債権放棄の合理性が担保されることになります。

　筆者はこうした企業再生の絵を描く前提として、まず社長の考えを聞くことにしています。社長に「自分はどうなってもいいので、事業、従業員、取引先を守ってくれないか」という利他の気持ちがあれば、企業再生は果たせると感じますし、そうでない場合は債権放棄に応じるべきではないと考えます。

4．保証債務の整理と経営者保証ガイドライン

　従前の債権放棄を伴う企業再生の実務では、社長に対して経営者の交代と保証債務の履行を強く求め、最終的に破産して責任を取ってもらうケースもありました。

　しかし、それが企業再生の局面では、早期の企業再生を阻害する要因となっているという批判があり、経営者保証のガイドラインでは、保証債務の整理について一定の考え方が示されています。

　経営者の交代についてガイドラインでは、結果的に私的整理に至った事実のみをもって、一律かつ形式的に経営者の交代を求めてはいけないとしています。

　その場合、経営者を引続き経営させるかの判断は、1. 主たる債務者の窮境原因および窮境原因に対する経営者の帰責性、2. 経営者および後継予定者の経営資質、信頼性、3. 経営者の交代が主たる債務者の事業の再生計画等に与える影響、4. 準則型私的整理手続きにおける対象債権者による金融支援の内容、この4点を考慮しながら総合的に勘案し、一定の経済合理性が認められる場合には、これを許容することとしています。

　次の要件を充たした保証人が、保証債務の整理の対象となります。
　「主たる債務者が、法的整理手続きか利害関係のない中立・公正な第三者が関与する私的整理手続き（中小企業再生支援協議会による再生支援のスキーム、事業再生ADR、私的整理ガイドライン、特定調停等）の申立てをこのガイドラインの利用と同時に行い、または手続きが係属中、もしくはすでに終結していること」

「主たる債務および保証債務の破産手続きによる配当よりも多くの回収が見込まれるなど、債権者にも経済合理性が期待できること」

「保証人に破産法に定める免責不許可事由が生じていない、またはそのおそれもないこと」

そして保証債務の整理については、保証人の手元にある程度の資産を残してもよいという考え方を示しています。

具体的には、残存資産の考え方においては、保証人が表明保証（資力に関する情報を誠実に開示し、その内容の正確性を保証すること）を行い、代理人弁護士、顧問税理士などの支援専門家の適正性についての確認がある場合、金融機関は残存資産の範囲を、次の項目を総合的に判断して決定します。

①保証履行能力や従前の保証履行状況

②債務不履行に至った責任の度合い

③経営者たる保証人の経営資質、信頼性

④事業再生計画等に与える影響

⑤破産手続きにおける自由財産（債務整理後取得した財産、生活に欠くことのできない家財道具等、現金99万円など）の考え方や、民事執行法に定める標準的な世帯の必要生計費（１ヵ月あたり33万円）の考え方との整合性

また、保証人が安定した事業継続等のために必要な一定期間（雇用保険の給付期間90〜330日を参考）の生計費に相当する額や、華美でない自宅等について残存資産に含めることを希望した場合、対象債権者は、真摯かつ柔軟に検討します。

華美でない自宅とは、自宅が店舗を兼ねており資産の分離が困難な場

合やその他の場合で、安定した事業継続等のために必要となる「華美でない自宅」をいい、これとは直接関係しない自宅等についても、処分・換価する代わりに当該資産の価値相当額を分割弁済（５年以内）する対応も検討します。

　すなわち、保証人の自宅を売却する代わりに、自宅の公正な価額に相当する額を分割弁済することで、残存資産として認められる可能性があるということです。

　「華美でない」とは、一般常識で考えて豪華すぎない（豪邸ではない）ということです。これにより社長は、手元に400万円あまりの現金と華美でない自宅を残すことができ、破産する必要はなくなります。

　そしてこのガイドラインによる債務整理を行った保証人については、信用情報登録機関への報告、登録は行われません。

５．中小企業再生官民ファンド

　中小企業再生官民ファンド（以下「官民ファンド」という）とは、金融機関、中小企業基盤整備機構、民間の投資会社、事業会社等が出資の約束をしたうえで組成し、過剰債務等により経営状況が悪化しているが本業には相応の収益力があり、財務リストラや事業再構築により再生可能な中小企業に投資などの支援をし、再生させるファンドです。

　国である中小企業基盤整備機構は、ファンド総額の２分の１以内を出資できるため、官と民が一緒になって中小企業の事業再生を図ることができます。

　具体的な支援方法は、中小企業再生支援協議会と連携し再生計画（経営改善計画）を策定し、その計画に基づいて官民ファンドが金融機関の

保有する貸出債権の買取りによる金融支援（実質的な債権放棄）や株式や新株予約権付社債の取得等による資金提供を行います。

そしてファンド運営会社が経営面のハンズオン支援（きめ細かな中長期的な再生・経営支援）を行うことで継続的なモニタリングを行い、再生計画が履行され一定のレベル（債務者区分が正常先・その他要注意先）まで改善された場合は、金融機関からリファイナンス融資を受けて、ファンドに対する残債務を返済し、事業再生を果たすというものです。

官民ファンドを使った中小企業の事業再生に至るまでの流れは、財務DD・事業DDの実施→経営改善計画の策定→中小企業再生支援協議会による計画の認定・債権者調整・合意→官民ファンドによる投資判断→債権買取り・投資→経営改善計画の実行→ハンズオン支援・モニタリング→リファイナンス・イグジット（＝出口）となります。

企業にとって官民ファンドの活用には、次のようなメリットがあります。

・官民ファンドは利益を追求するファンドではないため、無理な再生計画にならないこと
・地域の中小企業の再生案件では、ほぼすべてのケースで保証協会が債権者となっており、一般的なファンドでは保証協会の有する求償債権のカットは困難ですが、その求償債権を官民ファンドには時価で売却できるので、保証協会の求償債権についても債権カットが図れること
・さらには、官民ファンドの案件では保証協会の求償債権先に対する新規保証が可能であること

・公的な官民ファンドであれば、地元の関連団体の調整や金融機関調整も円滑に進むこと

　このように再生企業にとってみれば、官民ファンドが関与することで、再生の確率が格段に高まることになります。

　一方、金融機関にとっては次のようなメリットがあります。

・官民ファンドに不良債権を売却することで、不良債権比率の引下げを図ることができること
・官民ファンドは大きな利益を追求しないので、一般の投資家に債権を売却するよりも、適正な債権売却価格が実現できること
・官民ファンドは投資先企業に対し、中長期的にきめ細かいハンズオン支援を行うため、真の事業再生が可能になること
・官民ファンドを活用することで企業の倒産が回避され、地域の雇用、下請け先の連鎖倒産回避など地域経済を守ることができること
・イグジットにおいて、リファイナンス（官民ファンドの債権を対象企業が買い戻すための新規融資）のビジネスチャンスが生まれること

　最後に、DDS・債権放棄・再生ファンドによる企業再生は債権者（金融機関）の大きな痛みを伴うものであり、本当に支援しなければならない先に限って行われる手法です。また社長の高齢化に伴い、今後は事業承継と企業再生を絡めた発想も必要となってきます。

こうした抜本的な企業再生は、本部主導で行われることが多いですが、営業店では再生企業への窓口としての対応をしなければなりません。営業店長としても、最低限の知識を吸収しておく必要があるでしょう。

６．第二会社による濫用的会社分割への対抗策

（１）第二会社方式とは

業況が著しく悪くなった融資取引先が勝手に第二会社を作り、そこに継続中の営業資産を引き継いで、旧会社には借入金だけを残し債務逃れをすることがあります。

企業再生・事業再生においては、第二会社方式は比較的よく使われるものの、その場合は、事前に金融機関・債務者・中小企業再生支援協議会などの中立の第三者が協働して行います。

金融機関としても、雇用の確保・連鎖倒産など地域経済への影響・株主責任、経営責任の取り方・公正中立な第三者機関の関与などの視点で、真の再生案件といえるものだけは認めています。

悪意のある第二会社方式に対しては、金融機関としては毅然とした態度を取る必要があります。

第二会社を設立する方法には、新会社が旧会社から営業譲渡を受ける、営業譲渡を受けた会社が引続き旧会社の商号を継続使用している、旧会社の現物出資により第二会社が設立されている、旧会社から新会社に資産が譲渡されている、またその対価が低廉である、第二会社が旧会社の資産を継続使用しているなど、さまざまな実態があります。

（2）悪意のある第二会社への交渉と対抗策

　悪意のある第二会社の追及にはさまざまな手段がありますが、すべてケースバイケースでの対応が必要となります。そのため、費用対効果を考えながら、一方でモラルハザードの見地から交渉・対抗していくことになります。

　悪意のある第二会社への交渉方法と追及する手段には、次のようなものがあります。

・旧会社の借入債務について、新会社が債務引受するよう交渉する
・旧会社の借入債務について、新会社が連帯保証するよう交渉する
・商号を継続使用、旧会社からの現物出資には、商法17条により融資の返済を請求する
・分割会社の資産に仮差押えする
・第二会社が債務者に支払う譲渡代金に仮差押えをする
・民法424条の詐害行為取消権に基づき、旧会社が第二会社に移した不動産や資産について、譲渡した行為を取り消すことを裁判所に提訴する
・債権者破産を検討する
・分割会社の取締役への責任を追及する
・第二会社と債務者で役員を兼ねる場合、悪意・重過失に基づき個人責任を追及する

（3）詐害行為取消権の行使

　第二会社への対抗策として、詐害行為取消権の行使（民法424条）があります。これを行使して、たとえば第三者に名義移転された財産を元

に戻します。

　詐害行為取消権とは、債務者が債権者を害することを知って行った法律行為について、それにより利益を受けた者が債権者を害することを知らなかったといえない場合には、その法律行為を債権者が取り消すことができるというものです。

　詐害行為取消権の対象となる行為は、ケースごとに行為当時の債務者の財産の状況、詐害行為の態様、詐害行為の目的などさまざまな要素を総合的に判断して決められます。

　詐害行為取消権を行使する前に、さらに別の第三者に財産を移転されないように、対象財産について処分禁止の仮処分の申立てを行うケースがあります。

　たとえば、対象財産が不動産であれば不動産登記簿（登記事項証明書）に処分禁止の登記がなされ、この登記の後に第三者に名義移転されても、その名義移転を仮処分債権者に対抗することはできなくなります。

　詐害行為取消権の行使は、第三者に名義移転された財産を元に戻すのみにすぎません。すなわち保証人の不動産の所有名義が元に戻るだけなのです。

　そこから回収するには、保証人に対して保証債務履行請求訴訟を提起し、勝訴判決を得て債務名義を取得し、不動産の強制競売を行って回収することになります。

　詐害行為は、連帯保証人である会社の代表者が、保証人でない妻に不動産など財産を移すケースでよく行われます。

　離婚による財産分与のケースが取られることもあり、その場合、原則として離婚による財産分与は詐害行為取消権の対象にはならないとされ

ていますが、偽装離婚、財産分与の額が過大の場合など、特段の事情が
証明できれば対象となります。

　ただし、偽装離婚の立証責任は債権者（金融機関）側にありますから、
現実的にはなかなか困難だと思われます。

７．清算・廃業への対応

（１）清算・廃業の相談を受けた場合

　営業店では、事業再生や前向きな事業承継ばかりに目が向きがちです
が、実際は清算・廃業に導かざるをえない債務者も数多く存在します。
そこで、ここでは後ろ向きな清算・廃業の相談を受けた場合に必要な知
識とアドバイスについて解説します。

　清算・廃業に至る社長の気持ちを汲んで対応しましょう。

　2017年の中小企業白書には、廃業に関する検討状況および課題が示
されています。

　まず、「廃業の意向は、個人事業者で最も高く26.0％に上り、小規模
法人が7.9％と、小規模事業者（小規模法人と個人事業者）ほど廃業す
る意向を持っている割合が高い傾向にある」とあり、なんと個人事業者
の４人に１人に廃業の意向があることがわかります。

　小規模法人での廃業を考えている理由のトップ５は、「業績が厳しい」
「後継者を確保できない」「会社に将来性がない」「もともと自分の代限
りでやめるつもりだった」「高齢のため（体力・判断力の低下）」です。

　そして個人事業者では、「もともと自分の代限りでやめるつもりだっ
た」が２位となっています。

　特に営業店では、個人事業者に清算・廃業の話をする場合はストレー

トに聞くのではなく、「もともと自分の代限りでやめるつもりだった」といわざるをえない社長の気持ちを汲み取って展開することが、重要なポイントとなります。

　相手を思いやる気持ちを持つことができれば、話題を問わず信頼関係が築きやすくなります。

　小規模法人が実際に廃業するうえで問題になりそうなことのトップ3が、「廃業後の生活費の確保」「借入れなどの負債の整理」「商店街など地元の活力低下」ですが、個人事業者では、「廃業後の生活費の確保」「廃業後の自分の生きがい」「借入れなどの負債の整理」となっています。

　一方で、廃業意向の相談相手として、「取引金融機関」は小規模法人での4位、個人事業者で5位となっています。

　これにより、金融機関には「廃業の相談がしにくい、敷居が高い」という思いがあることが見て取れます。

　現場の担当者が廃業の相談を持ちかけられたら、それは社長の「意を決しての相談」ととらえ精一杯の対応をしましょう。

　ちなみに金融機関以外の主な相談相手は、「商工会・商工会議所」「親族、友人・知人」「顧問の公認会計士・税理士」「他社の経営者」「取引先の経営者」などです。

　このことから事業承継・廃業の情報を多く抱えているのは、商工会・商工会議所と顧問税理士といえるでしょう。

（2）事業継続への支援

　清算・廃業のニーズがあったとしても、まず求められるものは、可能であれば事業の継続、もしくは円滑な事業の引継ぎです。

　日本政策金融公庫総合研究所の「中小企業の事業承継に関するイン

ターネット調査」（2016年２月）によると、廃業予定企業であっても、約３割の経営者が、「同業他社よりも良い業績を上げている」と答え、今後10年間の将来についても約４割の経営者が「少なくとも現状維持はできる」と回答しています。

　これは廃業を口に出している経営者であっても、事業の継続や引継ぎの可能性があるなら、それらを選択するケースがあることを示唆しています。

　小規模事業者が事業の引継ぎを検討するために必要な支援や解決策は、「後継者の確保」と「本業の強化・業績改善」です。この点が解決されれば、清算・廃業に向かわなくても、円滑な承継が可能となります。

　「本業の強化・業績改善」であれば、金融機関として外部機関・外部専門家を活用しながらある程度の支援は可能です。しかし「後継者の確保」を営業店で手伝うことは困難です。

　小規模事業者であれば、「事業引継ぎ支援センター」の紹介が妥当です。同センターは、国が運営するＭ＆Ａ・事業承継の公的窓口で、中小企業経営者のサポート事業を行っている団体です。

　特に第三者への会社（事業）の譲渡についての相談を得意としており、円滑な事業のバトンタッチの支援をしています。

　公的窓口なので、企業規模で線引きされることなく利用可能です。全国47都道府県に設置されているので、小規模事業者からのこうした相談に同行してみるのもよいでしょう。

（3）パターンにより異なる清算・廃業への対応

　清算・廃業には、次の３つのパターンがあります。

①会社の財産で全ての債務弁済ができる

②会社と個人の財産で全ての債務弁済ができる

③会社と個人の財産を処分しても全ての債務弁済ができない

　これらの多くは、会社・個人の資産をすべて売却して借入金や買掛金などの負債を全額返済できるかどうかで、アドバイスの内容が変わってきます。

　また、債務弁済をするには資産を現金に換えなければなりません。しかし、たとえば決算書上、現金・預金は簿価どおりでも、商品・製品・半製品・仕掛品などの在庫、建物・土地などの不動産、機械などの設備などを簿価どおりに現金化するのは困難です。

　したがって、簿価ではなく実質かつ実態ベースで判断する必要があります。その意味では、財務内容に相当な余裕がなければ、円満な清算・廃業は困難だということを理解しておく必要があります。

　すべての債務弁済ができる事業者への対応としては、清算・廃業のための融資を検討します。自主廃業に向けては支払いが先行するので、その資金を調達する必要が出てきます。そうした先には、買掛金決済資金、退職金などの人件費支払資金の融資を検討します。

　ただし、融資取引があり経営状況がしっかり把握できている取引先でないと、ハードルは高くなります。

　また、その要件となるのは、直近の決算書・試算表で債務超過（簿価ではなく実態 [実質] バランスで見る）でないこと、つまり清算時に資産超過が見込まれることです。

　清算・廃業を希望する旧知の取引先で、実態ベースで最終的に資産超

過が見込まれるようなら、清算・廃業のための融資を検討してもよいでしょう。そこでは外部の専門家との連携による、廃業を前提とした経営支援も併せて行いたいものです。

（4）清算・廃業後のアドバイス

　小規模事業者として実際に廃業するうえで問題となるのが、廃業後の生活費の確保にあることはすでに述べました。その清算・廃業後の生活を支える制度として、「小規模企業共済」があります。

　これは小規模事業経営者を対象に、老後や事業停止時に備える積立制度です。

　掛金の全額が所得控除となり、事業廃止時に受け取る共済金は退職所得扱いになるなど税務上のメリットが多いため、加入をしている事業者も多いでしょう。

　将来、清算・廃業を検討している小規模事業者がいたら、清算・廃業後への生活の備えとして加入の検討をアドバイスします。

　すべての債務弁済ができない事業者への対応では、第二会社方式の活用を検討します。この方式は金融機関の債権放棄が伴うため、よほどの合理性がないと困難です。

　逆にいえば社会的妥当性などがあれば、優良事業を第三者に引き継いだうえで、経営をリタイアできる可能性があります。

　第二会社方式を活用した債権放棄は、モラルハザードの問題や金融機関の寄付金課税リスクを伴うため、中小企業再生支援協議会などの公平な第三者機関と協働するのが一般的です。

　その方法は「第2部3．第二会社による債権放棄」で記した通りです。

　さらに、「特定調停スキーム」の利用も考えてみましょう。

　日本弁護士連合会では、廃業支援として特定調停（裁判所での調停）スキームを提案しています。

　「事業者の廃業・清算を支援する手法としての特定調停スキーム利用の手引き」によると、本スキームは事業の継続が困難な事業者を円滑に清算・廃業させる制度です。

　具体的には、金融機関に過大な債務を負っている事業者の主たる債務および保証人の保証債務を一体として、特定調停手続きおよび保証債務について経営者保証ガイドラインを利用し、債務免除を含めた債務の抜本的な整理を図るものとされています。

　本スキームの債務者および保証人のメリットは、次のようなものです。

・取引先を巻き込まないようにできる
・実質的に債権者平等の計画など柔軟な計画策定が可能
・手続きコストが低廉
・一体的に保証債務の整理ができる
・残存資産や信用情報機関に登録免除により、保証人の経済的更正を図りやすい
・特別清算と異なり、株式会社以外の法人も対象となるなど対象範囲が広い

　一方、金融機関にとってのメリットは、次のようなものです。

・経済合理性が確保されている

・裁判所が関与する
・資産調査や事前協議が実施される
・債権放棄額を貸倒損失として損金算入が可能

　清算・廃業で弁護士に相談というと破産や民事再生などを想定しますが、特定調停という方法があることも覚えておきましょう。

8．条件変更・リスケジュールの考え方

　金融円滑化法から条件変更は一般化しました。金融円滑化法による金融庁への貸付条件変更等の状況の報告は、同法施行以降、貸付条件の変更等の実行率が全体で95％を超える高い水準で推移したことで、平成31年3月期の計数の報告をもって終了しました。しかし令和2年3月、「新型コロナウイルス感染症の影響拡大を踏まえた事業者の資金繰り支援について」で銀行法24条等による報告として一時的に復活しています。

　条件変更は、約定弁済額の減額、元金返済猶予を行うことで、債務者の資金繰りが楽になり、実質新規融資を受けたのと同じ効果が生まれます。また資金繰りが楽になっている期間に、事業そのものを立て直すことで、企業再生・事業再生過程で必要な手法です。

　2008年のリーマンショック、2011年の東日本大震災、2020年の新型コロナウイルス感染といった、未曾有の経済危機や災害といった外部環境の急激な変化に対応する方法です。

　新型コロナ対応などの条件変更対応には、これまでにも増して、既往債務について、事業者の状況を丁寧にフォローアップしつつ、元本・金利を含めた返済猶予等の条件変更について、迅速かつ柔軟に対応するといった積極的な関与が求められるでしょう。

第3部

債権回収の知識

債権回収の知識

１．信用不安・倒産時の対応

（１）信用不安の兆候のチェック

　決算書等から信用不安の兆候を羅列してみます。チェック項目についてはその原因を調査します。

☐売上高の減少

☐売上高の急激な増加　〜資金繰り・組織体制が追いつかない

☐在庫の増大

☐在庫の急激な減少

☐不良債権の発生

☐支払手形が多い会社

☐販売先の集中

☐借入の過多

☐長期借入金の本数が多い

☐連続赤字

☐未払金・未払税金の増加

☐営業赤字

☐融通手形

☐手形サイトの延長

☐手形ジャンプの依頼

☐簿外負債

☐為替デリバティブ

□取引銀行の変更

□粉飾決算

□食品会社が建設会社と取引

会社訪問等からの信用不安の兆候は、次のようなものです。

□会社の雰囲気が何か変だ

□見慣れない人や雰囲気の違う人が出入りする

□社長が病気になる

□社長や経理担当者が頻繁に金融機関回りをする

□経理担当者や番頭さんが退職する

□倉庫を見せない

□計数管理が弱い・どんぶり勘定

□社員の接客・対応が悪い

□トイレが汚い

□神棚が祀ってない

□不動産など資産を処分する

□噂が出たら要注意

□怪文書が出回る

□給料が遅配になる

□行き過ぎた店舗拡大

□無理な設備投資を行う

□一発逆転の仕事にかける

（2）最初に確認すべき事項

　信用不安、倒産が起きたときは、チェックリストを活用し初動を間違わないようにします（**資料2**）。

資料2　信用不安発生時・倒産時のチェックリスト

信用不安発生時・

店番	顧客番号	債務者名	格付	債務者区分

取引先に信用不安が発生した場合、また取引先が突然倒産した場合には、以下のポイントをチェックしましょう。

ひと言で信用不安・倒産と言っても、いろいろなケースがあります。次のような場合が該当しますので参考にして下さい。
・代表者の異変や幹部社員の退職、さらに、事業所の縮小・閉鎖、従業員の減少など
・在庫の数の急激な変化、販売不振、支払遅延、取引先の変更など
・借入れ増大、不動産等の売却、新たな担保設定など
・恒常的な延滞発生など
・不渡りの発生、債務整理の貼り紙、弁護士からの受任通知など

チェック・ポイント
（　　　年　　　月　　　日）

確認事項	破綻懸念先 確認印	破綻懸念先 不備の有・無	実質破綻先・破綻先 確認印	実質破綻先・破綻先 不備の有・無	不備解消日
1．優先的に確認すべき項目					
（1）取引内容に応じた約定書等があるか、記載内容が正確かどうか、自署がされているかどうかを確認する （不備の有無／有・無　　有の場合は不備の内容　　　　　　　　　　　　）		有・無		有・無	
（2）保証、担保提供意思は正しくされているかを確認する（面談・筆蹟・確認資料等） （不備の有無／有・無　　有の場合は不備の内容　　　　　　　　　　　　） 保証人の登録内容は正確か確認する。（不備の有無／有・無）		有・無		有・無	
（3）信用保証協会の免責事由に該当する瑕疵がないか確認する （有・無／有の場合は内容　　　　　　　　　　　　　　　　　　　　） ＊旧債振替・資金使途違反の確認をする ＊保証書と対象貸金の取扱内容の合致を確認する（金額、利率、意思確認等）		有・無		有・無	
（4）担保不動産の実地調査をする（調査日：　　　　　年　　　月　　　日） ＊前回実地調査日より1年以上経過している場合は、実地再評価を実施		有・無		有・無	
（5）火災保険の期限を確認する（期限切れ／有・無） ＊質権設定していない建物等における前回確認した火災保険の期日が到来している場合は、再度、付保確認を実施		有・無		有・無	

倒産時のチェックリスト

	支店長	検　印	担当者

確認事項	破綻懸念先 確認印	破綻懸念先 不備の有・無	実質破綻先・破綻先 確認印	実質破綻先・破綻先 不備の有・無	不備解消日
２．期限の利益喪失状態かどうかを把握する（今後の取引方針を決定するため）					
（取引先に起こっている事象の確認）					
（1）　不渡り、銀行取引停止処分、破産手続開始申立て、民事再生手続開始申立て、会社更生手続開始申立て、特別清算開始申立て、私的整理、支払いの停止表明他（事象：　　　　　　　　　）				有・無	
（2）　その他事象（具体的に：　　　　　　　）	有・無		有・無		
（3）　期限の利益喪失事由に該当する場合は、その日付（　　年　月　日）				有・無	
３．正確な貸金等の残高を把握する（保証債務または貸金に準ずる仮払金等オフバランス勘定に注意）					
（1）　取引先への貸金残高の調査（残高　　　　　　　　　円）	有・無		有・無		
（2）　僚店での取引先への貸金残高の調査（有・無／有の場合：取引店　　　　貸金残高　　　　　円）	有・無		有・無		
（3）　取引先が保証人になっている貸金の調査（保証債務の調査）＊事務部へ保証人登録検索を依頼し、保証債務を確認（有・無／有の場合：主債務者名　　　残高　　　　円）	有・無		有・無		
（4）　取引先が支払人になっている商手割引の調査（有・無／有の場合：取引店　　割引依頼人名　　残高　　円）	有・無		有・無		
（5）　未収になっている立替費用、割引料、手数料等の調査（有・無／有の場合：内容　　残高　　　　円）	有・無		有・無		
（6）　貸金に準ずるオフバランス勘定の調査（有・無／有の場合：内容　　残高　　　円）	有・無		有・無		
４．正確な預金残高等を把握する					
（1）　債務者および保証人預金の残高調査（有・無／有の場合：債務者　　　円、保証人　　　円）	有・無		有・無		
（2）債務者および保証人の僚店での預金調査（有・無／有の場合：取引店　　　残高　　　円）	有・無		有・無		
（以下は２．で「期限の利益を喪失した」とした場合に確認する）（3）　預金に支払停止のオペレーションをする（僚店も含め、債務者・保証人の預金を対象とする）（オペレーション日　　年　月　日）				有・無	

確認事項	破綻懸念先		実質破綻先・破綻先		不備解消日
	確認印	不備の有・無	確認印	不備の有・無	
（4）債務者が以下の状態となった以降の預金を把握する（それ以前からある預金と区別する：相殺時注意） 　＊債務者が支払不能状態となった時 　＊不渡り、法的倒産手続の申立、廃業等の貼り紙、弁護士からの受任通知等 　　（さまざまなケースがあり、担当部と相談する）	/	/	/	有・無	
5．担保物件の状態等を把握する					
（1）担保不動産の直近の謄本を取り受ける（甲区・乙区におかしな動きはないか） 　　（有・無／有の場合：内容　　　　　　　　　　　　　　　）		有・無		有・無	
（2）現時点での担保評価を把握する 　　（　　年　　月　　日：時価　　　　千円、担価　　　　千円）		有・無		有・無	
（3）元本確定登記の要否判断（保証協会充当担保の場合） 　　要の場合　担保提供者との共同申請による確定登記／確定請求による確定登記 　　／競売申立	/		/	有・無	
（4）占有の状況（有・無／有の場合：所有者との関係　　　　　　）		有・無		有・無	
（5）不動産担保の場合、担保権の登記が正しいかを確認する 　　（不備の有無／有・無　　有の場合は不備の内容　　　　　　）		有・無		有・無	
（6）構築物と認識している物件はあるか、また登記は可能か 　　　（有・無／有の場合：登記可能・登記不能）…　司法書士・土地家屋調査士 　　　への確認依頼 　　破綻懸念先となった場合に確認する。また、登記可能な場合は登記を依頼する		有・無		有・無	
（7）取立手形はあるか 　　（有・無／有の場合：金額　　　　　　　　　　　円）		有・無		有・無	
（8）商業手形・担保手形（でんさいを含む）の決済見込みの調査をする		有・無		有・無	
（9）有価証券担保はあるか 　　（有・無／有の場合：銘柄　　　　　金額　　　　円）		有・無		有・無	
（10）保証人の弁済能力を把握する 　　（余力のある資産　有・無／有の場合　　　　　　円） 　　＊背景資産調査表を作成し、把握すること		有・無		有・無	
（11）ゴルフ会員権担保はあるか（有・無／有の場合：銘柄　　　　　） 　　（譲渡の担保場合：譲渡通知の発送日　　年　　月　　日） 　　＊譲渡通知は、取引先に信用不安が発生した場合、本部担当部署へ連絡のうえ速やかに発送する 　　（印鑑証明書の期限：　　年　　月　　日） 　　＊印鑑証明書の有効期限は発行日から3ヶ月後、期限が近い場合は再度取り受ける		有・無		有・無	
（12）入居保証金、他行預金等の債権担保は正しく取り受けているか確認する		有・無		有・無	

倒産時のチェックリスト

確認事項	破綻懸念先		実質破綻先・破綻先		不備 解消日
	確認印	不備の 有・無	確認印	不備の 有・無	
6．催告書等内容証明郵便を発送する					
（信用不安発生時に確認する） （1）　当座預金・インターネットバンキング契約解約の検討 　　　（当座預金解約／要・不要、インターネットバンキング契約解約／要・不要）				有・無	
（以下は２．で「期限の利益を喪失した」とした場合に確認する） （2）　期限の利益喪失通知書を発送する（発送日　　　年　　　月　　　日） 　　　＊債務者・保証人（物上保証人を含む）宛に発送する 　　　＊保証協会付融資は内容、発送時期について保証協会と打合せのうえ発送する				有・無	
（3）　当座預金（委任契約）を解約する 　　　［原則任意解約する：解約（予定）日　　　年　　　月　　　日］ 　　　任意解約できない場合（行方不明他）は、解約通知を発送する 　　　［解約（予定）日　　　年　　　月　　　日］				有・無	
（4）　当座貸越契約の解約通知を発送する［解約（予定）日　　　年　　　月　　　日］				有・無	
（5）　預金相殺をした場合、相殺通知書を発送する（発送日　　　年　　　月　　　日）				有・無	
（割引商手が不渡りになった場合） （6）　商手支払人・裏書人（中間裏書人を含む）宛通知書（手形金の支払を請求する）を 　　　発送する 　　　＊交換提示日に次ぐ４取引日以内に発送する		有・無		有・無	
7．債務者および保証人など関係人と面談する					
（1）　債務者・保証人と面談し督促する（代理人弁護士が選任されている場合は、弁護 　　　士と面談する）				有・無	
（2）　倒産原因、事業悪化要因、他の負債の状況、他の取引先への影響、返済予定、 　　　再生の場合再建計画などの聞き取りをする				有・無	
（3）　債務者および保証人から債務承認書を取り受ける（取り受け後は原則、同日に確 　　　定日付をとる）				有・無	
（4）　担保提供者と面談し担保提供確認書を取り受ける（取り受け後は原則、同日に確 　　　定日付をとる）				有・無	
（5）　担保不動産の任意売却の協力が得られるかを確認する				有・無	
（6）　不渡商手支払人・中間裏書人に対し、手形金額の支払いを交渉する		有・無		有・無	
8．関係各所への報告・届出をする					
（1）　信用保証協会に事故報告を提出する		有・無		有・無	
（2）　保証会社に報告する		有・無		有・無	
（3）　本部の関係部署に報告する				有・無	
（4）　法的倒産（破産、民事再生、会社更生）の場合は債権届出をする 　　　＊依頼書により債権管理グループへ債権届出を依頼する				有・無	

次に、チェックリストの特に重要な項目について解説します。

①取引内容に応じた約定書等があるか、その記載内容が正確かどうか、自署されているかどうかを確認する

債権書類に不備が見つかった場合は、すぐに補完を依頼します。倒産間もない頃は、債務者は比較的金融機関のいうことを聞きますが、時間が経過すると、倒産時のショックも薄れてさまざまな知恵がつくので、不備書類の補完を求めても応じないケースが多くなります。

筆者の経験でも、債務者は倒産後時間が経つと豹変し、債権者の要望に応じなくなるため、債権書類の不備補完は倒産当日に行うことを原則としています。

②信用保証協会の免責事由に該当する瑕疵がないか確認する

免責とは、金融機関が信用保証協会から代位弁済を受けられない事態をいいます。免責事由には、「旧債振替の制限違反」（１号免責）、「保証契約違反」（２号免責）、「故意・重過失による取立不能」（３号免責）があります。

倒産直後は、特に旧債振替（保証協会付融資で銀行のプロパー融資を返済していないか）、保証契約違反（保証条件どおりに融資が行われているか＝金額、利率など保証書と対象貸金の取扱内容の不一致）はないか、資金使途違反はないかについて重点的に調べます。

③担保不動産の実地調査を行う

債権回収において一番多く回収できるのが担保不動産からの回収ですから、担保不動産の実地調査は重要です。

倒産時の不動産実地調査のポイントは、次の通りです。

・占有者の存在に注意します…競売で落札されない物件の特徴として、担保不動産に不法に占有する占有者の存在があげられます。占有者は実地調査でしかわかりません。不審な占有者がいないかチェックすることは重要です。
・未登記物件がないか調査します…未登記物件があると後日担保処分をする際に苦労します。

　筆者の経験では、よくパチンコの景品交換所が問題となりました。未登記物件は事前に登記してもらい担保設定するのが基本ですが、後日発見された場合には、附属建物で登記をするように交渉します。

　④火災保険の期限を確認する

　最近は火災保険に質権を設定しない金融機関もありますが、質権を設定している金融機関はその期限切れに注意します。

　⑤期限の利益喪失状態かどうかを把握する

　融資金の期限の利益は債務者側にあります。したがって、債務者に信用不安の状況が生じても、融資金の約定期限が到来していなければ、金融機関は債権を回収することができません。

　取引先に起こっている事象を確認し、期限の利益の当然喪失に該当するのか、請求喪失で期限の利益を喪失させるのかは、今後の債権回収には重要です。

　⑥預金に支払停止のオペレーションを行う

　支払停止のオペレーションは、期限の利益を喪失した場合はもちろんのこと、一部でも延滞があれば、その延滞金の範囲内において払出しを

拒否し、相殺することは可能です。この場合、当然、僚店の債務者・保証人の預金も対象となります。

⑦取立手形はあるかを確認する

銀行は取立手形を預かっていれば、商事留置権により回収することが可能です。協同組織金融機関は商人ではないため商事留置権はありませんが、すぐに取り立てれば回収が可能となることもあります（破産と相殺を参照）。

⑧登記留保担保の登記

登記留保担保がある場合は、信用不安発生時に登記を行う必要があります。登記留保扱いとは、実際に（根）抵当権を設定しないで、登記に必要な書類をすべて預かり、いつでも（根）抵当権を設定できる状態（設定契約書、担保物件所有者の委任状を具備、3ヵ月以内の印鑑証明書の取受け、契約書の取受け時には担保物件所有者の本人確認、意思確認済み）にしておくものです。

登記留保担保は、債務者倒産後には設定できない可能性が高いので注意が必要です。

司法書士による登記事務における本人確認制度（H20.8.1～）により、司法書士の確認義務が明示されました。

司法書士は設定の際に、依頼者本人であること、依頼内容、依頼に関する意思の確認する相手、登記権利者（債権者）と登記義務者（担保物件の所有者）などを確認しなければなりません。

すなわち、債務者が倒産して登記留保の担保権を設定しようとする際に、司法書士による担保物件所有者に対する本人義務、意思確認が必要となります。倒産のようなケースでは、担保提供者の協力が得られる

ケースはほとんどないため、登記留保担保は不安定な担保といえます。

⑨当座預金を解約する

　当座預金は委任契約があるので、解約通知が必要となります。当座預金はできれば任意解約をしてもらい、残高は別段預金に移して後の相殺に備えます。

⑩関係各所への報告・届出を行う

　信用保証協会に事故報告書を提出します。住宅ローン保証会社などに報告します。リース会社などの関連会社に報告します。本部の審査や管理・回収部門に速やかに報告します。法的倒産の場合、債権届を期限までに届出をします。

　信用保証協会あて事故報告書は、保証付であるかプロパー債権であるかを問わず、債務者やその連帯保証人等において、保証期間内に次のような事故が発生したときに、速やかに提出します（**資料3**）。

・期限の利益の喪失条項にあてはまるとき
・手形交換所で第1回目の不渡りが発生したとき
・電子記録債権上の支払不能処分を受けたとき
・保証期限を経過し完済されないとき
・分割弁済の場合に3回もしくは3ヵ月以上履行遅滞が生じたとき
・罹災、休業、廃業、取引先の倒産等により債務の履行が困難と予測されるとき
・保証条件担保の価値が減少し、担保の差し換え、追加ができないとき
・病気、死亡、刑事上の訴追等によって債務の履行が困難と予想されるとき

資料３　信用保証協会あて「事故報告書」

事 故 報 告 書 （新規 ・ 再報告）　令和・西暦 ○年 ○月 ○日

| 金融機関コード | ○ | ○ | ○ | ○ | | ○ | ○ | ○ | | 代理貸コード | | |

○○県信用保証協会 行

次のとおり事故理由が発生しましたので、約定書第9条に基づき報告します。

住 所 金融機関 本・支店名 代理者名	〒○○○ー○○○○ ○○県○○市○○町○丁目○番○号 ○○銀行 ○○支店 支店長 ○○○○　　　　　　㊞

金融機関担当者		電話	(○○○)○○○ー○○○○
不在時の連絡者		FAX	( )　ー

被保証人	顧客番号	○○○○○○○○○○		
	住所	本店登記地または住民登記地 ○○県○○市○○町○丁目○番○号 営業所または連絡先	電話	( )　ー
			電話	( )　ー
	法人名 代表者名 または氏名	近代商事株式会社 代表取締役 近代太郎	別紙 有・無 別紙の有無について、○をつけてください。	

保証番号								現在残高	延滞回数	利息徴収方法	利息徴収済日
①	○	○	○	○	○	○	○	16,000 千円	2 回	(前取り)・後取り	○年○月○日
②	○	○	○	○	○	○	○	8,500 千円	2 回	前取り・(後取り)	○年○月○日
③								千円	回	前取り・後取り	年 月 日
④								千円	回	前取り・後取り	年 月 日
⑤								千円	回	前取り・後取り	年 月 日
⑥								千円	回	前取り・後取り	年 月 日

期限の利益喪失
無 ・(有)　○年○月○日

期限の利益喪失理由
※該当するものに○をつけてください。
1 期限経過　　　　　　　10 預金(仮)差押
② 取引停止処分　　　　　11 担保差押、競売開始
3 履行遅滞　　　　　　　12 取引約定違反
4 支払停止　　　　　　　13 保証人取引約定違反
5 破産手続開始申立て　　14 債権保全事由の発生
6 再生手続開始申立て　　15 所在不明
7 会社更生手続開始申立て
8 特別清算開始申立て
9 特別清算開始申立て

※該当する項目に○をつけ、必要事項を記入してください。

業種		現状	1. 営業中(月商　　　千円)　　2. 転業　　3. 休廃業　　4. 行方不明(個人のみ)

事故原因	① 売上、受注の減少(一般的商況不振)　　4. 回収困難　　　　　　　　　7. 経営管理の放漫 2. 売上、受注の減少(競争激化等)　　　5. 事業拡大、設備投資の過大　　8. 災害、事故、その他( ) 3. 取引先の倒産　　　　　　　　　　　6. 金融困難　　　　　　　　　　9. 病気　　10. 保証人事故

事故内容

① 取引停止処分　停止日 ○年 ○月 ○日

② 第1回不渡り　不渡日 ○年 ○月 ○日
　　不渡 当行・他行( )
　　金融機関　金額　10,000千円

3. 分割返済不履行

4. 割引手形または担保手形の不渡り

5. 行方不明　　　　年　　　月頃から
　(住民票で住所異動の有無を確認してください。)

6. 休業、廃業　　　年　　　月頃から

7. 破産手続　8. 民事再生手続　9. その他の法的整理
　(裁判所からの通知の添付により、記載省略可)

申立日	年 月 日
手続開始日	年 月 日
事件番号	年 ( ) 第 号
債権届出	届出済・未届　※期間内に届出してください。

10. 預金・債権(仮)差押(差押通知の添付により、記載省略可)

名義人	年 月 日　預金・預託金・その他( ) 被保証人・代取・その他( )
権利者	請求金額　　　　千円

11. 担保(仮)差押・競売開始(差押通知の添付により、記載省略可)

名義人	年 月 日　不動産・その他( ) 被保証人・代取・その他( )
権利者	請求金額　　　　千円

12. 最終弁済期限経過

13. 債務整理委任(弁護士からの通知等を添付してください。)

14. 担保価値減少(火災等により、保証条件担保の価値が減少し、担保の差替・追加ができないとき)

15. 病気

16. 死亡　(戸籍または除籍謄本を添付してください。)
　死亡日　　年　　　月　　　日

17. 刑事訴追

18. 保証人の事故(預金・債権(仮)差押を除く。)
　事故内容( )

協会専用欄	理事長	専務理事	常務理事	部長	副部長	課長	担当者		支店長	副支店長	課長・次長	担当者

74

金融機関取引状況欄　※像店取引も記入してください。

預金・出資金明細		貸付金(割引)明細 (本協会保証口を除いて記入してください。)		延滞の有無 延滞回数または最終期日		金融機関の担保設定状況 ※該当する項目に○をつけてください。
定期預金	1,000 千円	証書貸付	40,000 千円	無・㈲ 2 回		① 設定なし
定期積金	千円	手形貸付	20,000 千円	R ○年○月○日		② 保証条件の担保
通知預金	千円	手形割引	千円			③ 保証条件外の担保
当座預金	50 千円	(うち 不渡確定分)	千円	年 月 日		(保証人の担保権を含む。)
普通預金	100 千円	(うち 不渡見込分)	千円			ア 不動産担保
別段預金	千円	当座貸付	千円	無・有 回		イ 預金担保
出資金	千円	他協会	千円	無・有 回		ウ その他( )
その他( )	千円	その他( )	千円	無・有 回		※保証条件外の担保がある場合
合 計	1,150 千円	合 計	60,000 千円			は、別紙に記入してください。

※法人の場合は、代表者を連帯保証人欄に記入してください。連帯保証人が2名以上の場合は、別紙に記入してください。

連帯保証人	氏名	近代太郎 生年月日(S ○.○.○)	債務否認	有・㊙	法的整理【 無・有 】
	住所	○○県○○市○○町○丁目○番○号	プロパー貸付	千円	1. 破産手順　　2. 個人再生手続 3. その他( )
	電話	電話 (○○○)○○○-○○○○ 携帯 (○○○)○○○-○○○○	保証会社付貸付	千円	申立日(年 月 日) 手続開始日(年 月 日)
			固定預金	千円	事件番号 年( )第 号
	勤務先 または 連絡先	電話 ( ) -	流動性預金	千円	債権届出【 済・未 】 ※期間内に届出してください。

被保証人(代表者を含む。)の資産

○○市○○町○-○-○　土地 216.50㎡　　建物　延べ 215.57㎡

時価 35,000千円 （代表者名義）

①○○銀行　根抵当権　30,000千円　　②××銀行　10,000千円

督促状況	金融機関所見
※該当する項目に○をつけ、必要事項を記入してください。 電話督促　　未 ・㊝・ 連絡不可 文書督促　　㊪・済 (回) 訪問　　　　未 ・㊝(2 回) 面接　　　　可・不可 最終接触日　○ 年　○ 月　○ 日	※該当する項目に○をつけてください。 １．完済見込(預金相殺や担保処分により、完済が可能) ２．約定償還可能見込(督促により、約定通りの償還が見込める。) ３．条件変更見込(期間延長や返済方法変更により、償還が見込める。) ④ 代位弁済請求見込(返済が見込めず、代位弁済請求したい。) ５．静観(督促を強化し、推移を見たうえで方針を決めたい。)

金融機関所見補足

(事故に至った経緯)

売上の急激な減少により資金繰りが悪化、○年○月○日第1回不渡発生。

○年○月○日銀行取引停止処分により倒産。

(被保証人等の状況 ／ 督促状況 ／ 金融機関の今後の方針等)

代表者自宅にて面談可能なるも自己破産申立予定。

預金相殺、担保不動産売却にて一部回収。

代位弁済請求予定。

別紙

保証割引（担保）手形・売掛債権担保、2名以上の連帯保証人、条件外担保がある場合等にご利用してください。

保証割引（担保）手形・売掛債権担保の明細（売掛債権担保融資保証の担保手形・担保売掛債権を含みます。）

保証口番号 ① ② ③ ④ ⑤ ⑥　※左記の保証口番号は、表面の保証口明細の番号を示します。該当する番号に○をつけてください。

	振出人 （売掛先名）	本社所在地	支払期日 （回収期日）	手形金額 （売掛債権額）	割引日 （貸出日）	落込見込 （回収見込）
1	なし		年　月　日	千円	年　月　日	有・無 （停止日　年　月　日）
2			年　月　日	千円	年　月　日	有・無 （停止日　年　月　日）
3			年　月　日	千円	年　月　日	有・無 （停止日　年　月　日）
4			年　月　日	千円	年　月　日	有・無 （停止日　年　月　日）
5			年　月　日	千円	年　月　日	有・無 （停止日　年　月　日）
6			年　月　日	千円	年　月　日	有・無 （停止日　年　月　日）

※以下の保証口番号は、表面の保証口明細の番号を示します。該当する番号に○をつけてください。
連帯保証人（代表者を除く。）が4人以上の場合は、必要な箇所を記入した別紙を追加してください。

	保証口番号	① ② ③ ④ ⑤ ⑥		① ② ③ ④ ⑤ ⑥		① ② ③ ④ ⑤ ⑥
連帯保証人	氏名 （法人名）	近代太郎 生年月日（S 0．0．0）		生年月日（　．　．　）		生年月日（　．　．　）
	住所	○○県○○市○○町○丁目○番○号				
	電話	電話　（○○○）○○○－○○○○ 携帯　（○○○）○○○－○○○○		電話　（　）　－ 携帯　（　）　－		電話　（　）　－ 携帯　（　）　－
	勤務先 または 連絡先	近代商事株式会社 電話　（○○○）○○○－○○○○		電話　（　）　－		電話　（　）　－
	債務否認	有・無		有・無		有・無
	関係	代表者	法的整理【無・有】		法的整理【無・有】		法的整理【無・有】
	職業	会社役員	1.破産　2.個人再生 3.その他（　）		1.破産　2.個人再生 3.その他（　）		1.破産　2.個人再生 3.その他（　）
	プロパー貸付	千円	申立日 （　年　月　日）	千円	申立日 （　年　月　日）	千円	申立日 （　年　月　日）
	保証会社付貸付	千円	手続開始日 （　年　月　日）	千円	手続開始日 （　年　月　日）	千円	手続開始日 （　年　月　日）
	固定預金	500 千円	事件番号 年（　）第　号	千円	事件番号 年（　）第　号	千円	事件番号 年（　）第　号
	流動性預金	200 千円	債権届出【済・未】 ※期間内に届出してください。	千円	債権届出【済・未】 ※期間内に届出してください。	千円	債権届出【済・未】 ※期間内に届出してください。
		（所有資産）　無・有・不明		（所有資産）　無・有・不明		（所有資産）　無・有・不明
	所有資産明細 （補足） 督促状況 その他	○○市○○町○－○－○ 土地216.50㎡　建物延べ215.57㎡ 時価35,000千円 ①○○銀行㊞30,000千円 ②××銀行㊞10,000千円 自己破産申立予定				

保証条件外不動産担保記入欄 ※貴金融機関所定の担保明細書等の写しを添付する場合は、記入を省略できます。

<table>
<tr><td rowspan="8">保証条件外担保の設定状況</td><td colspan="4">① 土地　1　筆（延べ216.50㎡）　建物　1　棟（延べ215.57㎡）　借地（延べ　　㎡）</td></tr>
<tr><td colspan="2">（所在／地番／家屋番号／種類／所有者／築年月日等）</td><td colspan="2">借地地代支払（　確認済・未確認　）</td></tr>
<tr><td colspan="4">○○市○○町○-○-○
家屋番号　○番　平成○年○月○日築
居宅　所有者 近代太郎</td></tr>
<tr><td>評価日　　○年　　○月</td><td colspan="2">評価（時価総額）　　35,000千円</td><td>評価基準　1.路線価　2.公示価格　3.基準地価　④その他</td></tr>
<tr><td>設定位置／額</td><td>担保余力</td><td>債務者</td><td>権利関係</td></tr>
<tr><td>第1順位　30,000千円</td><td>0　千円</td><td>当社</td><td>①当行 ㊞30,000千円
②××銀行 ㊞10,000千円</td></tr>
<tr><td colspan="4">① 土地　　筆（延べ　　㎡）　建物　　棟（延べ　　㎡）　借地（延べ　　㎡）</td></tr>
<tr><td colspan="2">（所在／地番／家屋番号／種類／所有者／築年月日等）</td><td colspan="2">借地地代支払（　確認済・未確認　）</td></tr>
</table>

評価日　　年　　月	評価（時価総額）　　千円		評価基準　1.路線価　2.公示価格　3.基準地価　4.その他
設定位置／額	担保余力	債務者	権利関係
第　順位　　千円	千円		

その他担保　（入居保証金・株式・生命保険等　）
預金担保　1,000千円

２．期限の利益の喪失

（１）期限の利益とは

　期限の利益とは、期限が到来していないことによる利益のことです。金融機関の貸金については、期限が来るまでは支払わなくてもよいという利益で、たとえば、債務者は手形貸付の期限までは返済する義務がありません。

　そうなると、債務者が倒産して早急に債権を回収したい場合でも、債務者に期限の利益があることで債権を回収できないため、債務者の期限の利益を喪失させて金融機関がすぐに債権全額を請求できるように、期限の利益喪失約款があります。

（２）（銀行・信用金庫・信用組合等）取引約定書

　金融機関が取引先と貸付契約を締結する際には、民法・商法などの法律が当然適用されます。しかし、制定された法律だけでは複雑な貸付契約をすべてカバーできないため、あらかじめ貸付契約の義務と履行を定めておく必要があります。

　ここで（銀行・信用金庫・信用組合等）取引約定書とは、金融機関と顧客との間で、まさにその貸付契約の義務と履行に関する約定を結ぶための書類です。

（３）「期限の利益の喪失」条項

『第５条〔期限の利益の喪失〕

　第１項　顧客について次の各号の事由が一つでも生じた場合は、金融機関からの通知催告等がなくても、顧客は金融機関に対するいっさいの債務について当然期限の利益を失い、直ちに債務を弁済するものとしま

す。

1. 支払の停止または破産、民事再生手続開始、会社更生手続開始もしくは特別清算開始の申立があったとき。

2. 手形交換所の取引停止処分を受けたとき。

3. 顧客またはその保証人の預金その他金融機関に対する債権について仮差押、保全差押または差押の命令、通知が発送されたとき。

4. 顧客の責めに帰すべき事由によって、金融機関に顧客の所在が不明となったとき。

　第2項　顧客について次の各号の事由が一つでも生じた場合は、金融機関からの請求によって、顧客は金融機関に対するいっさいの債務について当然期限の利益を失い、直ちに債務を弁済するものとします。

1. 顧客が金融機関に対する債務の一部でも履行を遅滞したとき。

2. 担保の目的物について差押、または競売手続きの開始があったとき。

3. 顧客が金融機関との取引約定に違反し、それが金融機関の顧客に対する債権保全を必要とする相当の事由が生じたと認められるとき。

4. 金融機関に対する顧客の保証人が前項または本項の各号の一つにでも該当したとき。

5. 前各号のほか債権保全を必要とする相当の事由が生じたとき。』

（4）当然喪失とは

　取引約定書5条〔期限の利益の喪失〕の第1項が当然の期限の利益喪失条項です。当然の期限の利益とは、債務者が第5条1項の条項にあてはまった場合、金融機関からの通知や催告なしに、その発生をもって当然に期限の利益を失うことです。

　第1項1号において注意を要するのが「支払の停止」です。

　「支払の停止」は、債務者の主観的な行為で、明示であると黙示であるとは問わず、具体的には多額の手形の不渡り、夜逃げ、弁護士から破

産申立予定の通知が届いた場合などです。

　第1項2号で注意を要するのが、この2号はあくまで取引停止処分（2回不渡りを出した後）であって単なる手形の不渡りではないということです。

　第1回目の不渡りでは、この条項にあてはまりませんが、多額の手形の不渡りは、1号の「支払の停止」にあたる場合があります。

　第1項3号で注意する点は、差押えを受けたら必ず当然喪失という訳ではないということです。金額の軽微な差押えで債務者の事業にまったく影響がないと判断できる場合などは、期限の利益の喪失を見送るケースもありえます。

　また、いったん期限の利益を喪失したものの、その事由がなくなることによって、期限の利益の復活をする場合もあります。

　第1項4号については、この条項のない取引約定書を制定している金融機関もあります。

　顧客の所在が不明という事態で当然喪失とするのはどうかという問いに対しては、悪意で金融機関との信頼関係を壊すような所在不明であれば、当然喪失で何の問題もないと筆者は考えます。

　なお、当然喪失の場合の催告書の例は、**資料4**を参照してください。

（5）請求喪失とは

　取引約定書第5条の第2項が請求による期限の利益喪失条項です。

　請求喪失とは、債務者が第2項の条項にあてはまる場合、金融機関から債務者に期限の利益を喪失させる旨の通知を内容証明郵便で出し、それをもって期限の利益を失い貸出債権の全額を請求できるというもので

す。

　請求喪失には大きく分けて2通りの方法があります。

　一つは、「延滞している元利金を○年○月○日までに支払ってください。支払いがない場合は、その日でもって期限の利益を喪失します」という場合。

　もう一つは、「銀行取引約定書の第5条の約旨（契約）に抵触しましたので、元利金全額を直ちに支払ってください」というものです。

　一般的には前者の通知を出しますが、すぐに請求喪失をしたい場合は、口頭で請求喪失を伝え、後者の通知書を出す場合もあり得ます。

　第2項1号で注意する点は、一部でも延滞したらすぐ請求喪失にあたるのかという点ですが、事業性融資の場合、実務では3ヵ月延滞した頃から請求喪失を考えるのが一般的です（住宅ローンなどは6ヵ月の延滞が多い）。

　第2項5号の「債権保全を必要とする相当の事由が生じたとき」とは、具体的には、取引先の会社の規模・体力から見て再起不能の多額の売掛金回収不足が生じたとき、絶対的なメインバンクが支援を打ち切ったとき、同族会社でその代表者がいないと事業の継続が困難であるような会社において、代表者が死亡したときなどが該当します。

　請求喪失によって期限の利益を喪失するときの一番のポイントは、権利の濫用にあたらないかを常に考えて行動することです。

　なお、請求喪失の場合の催告書の例は、**資料5・6・7**を参照してください。

資料4　催告書1（期限の利益喪失《当然喪失》の例）

催告書

前略、当組合は貴社と令和○年○月○日信用組合取引契約を締結し、現在まで取引を継続してきました。

ところが、貴社は令和○年○月○日において銀行取引停止処分を受けられましたので、前記銀行取引契約の第五条手形交換所における約旨により期限の利益を喪失されました。

従いまして、当行が貴社に対して有する後記表示の債権について、本状が到着次第直ちに記に元利金の全額を一括して弁済下されたく催告をいたします。

敬具

記

債権の表示

一．商業手形買戻請求権

　金○○円也

　但し、前記信用組合取引契約に基づき、貴社の割引依頼により当行が裏書譲渡を得て現に所持している○通の手形の買戻し請求権

二．手形貸付金元金

　金○○円也

　但し、前記信用組合取引契約に基づき、当組合が貴社に対し手形貸付の方法で貸付した現在残元本合計金員

三．証書貸付金元金
金○○円也
但し、令和○年○月○日付金銭消費貸借
契約に基づき、当行が貴社に対し証書貸
付の方法で貸付した当初貸付元金○○円
の現在残元本金員

四．当座貸越金元金
金○○円也
但し、令和○年○月○日付当座貸越契約
に基づき、当行が貴社に対し当座貸越の
方法で貸付した極度額金○○円の現在残
元本金員

五．遅延損害金
前記一の金員について、それぞれの手形
の支払期日の翌日から、
前記二の金員について、内金○○円は令
和○年○月○日から、内金○○円は令和
○年○月○日から、
前記三の金員について、令和○年○月○
日から、
前記四の金員について、令和○年○月○
日から、それぞれ支払済に至るまで年
○○パーセントの割合の遅延損害金

令和○年○月○日

○○市○○町○丁目○番地

○○信用組合○○支店

支店長○○○○

○○市○○町○丁目○番地

○○工業株式会社

代表取締役○○○○殿

資料5　催告書2（期限の利益喪失《請求喪失》の例）

催告書

前略、当組合は貴殿と令和○年○月○日信用組合取引契約を締結し、現在まで取引を継続してきました。

ところが、当組合が貴殿に対して有する後記表示の債権について、その約定弁済分の弁済期日を経過しても、ご返済がされていない金員があります。また前記金員については、貴殿に対し当組合から再三督促をしております。

つきましては、令和○年○月○日までに後記表示の債権のうち延滞元利金を一括にて御弁済下されたく催告いたします。もし御弁済いただけない場合には、前記信用組合取引約定書第○条の約旨により期限の利益を喪失したものといたし、後記表示の債権の全額を直ちに弁済いただくこととなります。

なお、本状と貴殿の御弁済が行き違いとなった折はご容赦ください

敬具

記

債権の表示

一. 証書貸付金元金
　金○○円也
　但し、令和○年○月○日付金銭消費貸借証書貸付契約に基づき、当行が貴殿に対し証書貸

付の方法で貸付した当初貸付元金○○円
の現在残元金

二．当座貸越元金
金○○円也
但し、貴殿名義の通帳番号○○号普通預
金の貸越現在残金

三．利息・遅延損害金
但し、前記一の金員について、令和○年
○月○日から支払済に至るまでの利息及
び、年○○パーセントの割合の遅延損害
金

四．利息金
但し、前記二の金員について、令和○年
○月○日以降支払済に至るまで年○○パ
ーセントの割合による利息金

令和○年○月○日

○○市○○町○丁目○番地
○○信用組合○○支店
支店長○○○○

○○市○○町○○丁目○番地
○○○○殿

資料6　催告書3（期限の利益喪失・マル保《当然喪失》の例）

催告書

　貴殿と当組合との間に締結しました令和○年○月○日付信用組合取引約定書にもとづく○○県信用保証協会の保証付の下記貸付金は債務者が令和○年○月○日に破産宣告を受け期限の利益を喪失しましたから令和○年○月○日までに元利金全額をお支払下さい。万一前記期日までにお支払がない場合は、前記協会へ代位弁済を請求いたしますので、ご承知おき願います。

　なお、下記貸付金のうち当座貸越と事業者カードローン当座貸越については、あわせて当座貸越取引と事業者カードローン当座貸越取引を解約します。

記

貸付金の表示
1．令和○年○月○日付金銭消費貸借契約証書（当初貸付金○○円也）の現在元金○○円、及びこれに付帯する利息損害金也
2．令和○年○月○日付手形貸付金○○円、及びこれに付帯する利息損害金
3．令和○年○月○日付当座貸越契約・事業者カードローン当座貸越契約（元本限度額○○円也）の現在元金○○円、及びこれに付帯する利息損害金也
4．令和○年○月○日付事業者カードローン

当座貸越契約・当座貸越契約（元本限度額○○円也）並びに令和○年○月○日付債務承認および弁済契約書にもとづく現在元金○○円、及びこれに付帯する利息損害金也

令和○年○月○日

○○市○○町○丁目○番地
○○○○殿

○○市○○町○丁目○番地
○○信用組合○○支店
支店長○○○○

資料７　催告書４（期限の利益喪失・マル保《請求喪失》の例）

催告書

　貴殿と当組合との間に締結しました令和○年○月○日付信用組合取引約定書にもとづく○○県信用保証協会の保証付の下記貸付金は、再三の督促にもかかわらず返済条件が履行されませんから約定書の特約にもとづき、令和○年○月○日をもって期限の利益を喪失します。つきましては、ただちに元利金全額をお支払下さい。お支払がない場合は、前記協会へ代位弁済を請求いたしますので、ご承知おき願います。

　なお、下記貸付金のうち当座貸越と事業者カードローン当座貸越については、あわせて当座貸越取引と事業者カードローン当座貸越取引を解約します。

記

貸付金の表示

1．令和○年○月○日付金銭消費貸借契約証書（当初貸付金○○円也）の現在元金○○円、及びこれに付帯する利息損害金也

2．令和○年○月○日付手形貸付金○○円、及びこれに付帯する利息損害金也

3．令和○年○月○日付当座貸越契約・事業者カードローン当座貸越契約（元本限度額○○円也）の現在元金○○円、及びこれに付帯する利息損害金也

4．令和○年○月○日付事業者カードローン限度額当座貸越契約・当座貸越契約（元本○年○月○日付○○円也）並びに令和○年○月○日付債務承認および弁済契約書にもとづく現在元金○○円、及びこれに付帯する利息損害金也

　　　　　　　　　　　　令和○年○月○日

○○市○○町○丁目○番地
○○○○殿

　　　　　　○○市○○町○丁目○番地
　　　　　　○○信用組合○○支部
　　　　　　支店長○○○○

（6）内容証明郵便とその効果

　債権の管理では、督促するときに内容証明郵便をよく使います。内容証明郵便とは、当該郵便物の内容である文書の内容を、郵便局で郵便規則の定める謄本により証明するもの（郵便法47条他）です。

　催告書などを内容証明郵便で出す効果としては、普通の郵便より相手方に対して心理的プレッシャーをかけられる点です。特に顧問弁護士名で出すと大きな効果が得られます。

　内容証明郵便には、確定日付（証書作成の日に関して完全な証拠力があると法律上認められる日付のこと）の効果があり、文書の日付の証拠保全となります。

　金融実務では、内容証明郵便は債権譲渡における第三者対抗要件としても重要であり、配達証明扱いにしておくことで、その文書がいつ配達されたか確認できる効果があります。

３．債権回収交渉時の注意点

（1）取立行為の規制の具体例（貸金業法21条１項、貸金業者向けの総合的な監督指針「取立行為規制」）

　債権回収交渉には一定のルールがあり、次のような取立を行ってはいけません。

・暴力的な態度をとって脅迫した
・大声をあげたり、乱暴な言葉を使ったりして威迫した
・多人数で押しかけて威迫した
・正当な理由なく、午後９時から午前８時まで、その他不適当な時間帯に、電話で連絡しもしくは電報を送達しまたは訪問した

- 反覆継続して、電話をかけ、電報を送達し、電子メールを送信し、もしくはファクシミリ装置を用いて送信し、または債務者、保証人等の居宅を訪問した
- 貼り紙、落書き、その他いかなる手段であるかを問わず債務者の借入れに関する事実、その他プライバシーに関する事項等をあからさまにした
- 勤務先を訪問して、債務者、保証人を困惑させたり、不利益を被らせたりした
- 債務者、保証人等の居宅を訪問し、債務者、保証人等から退去を求められたにもかかわらず、長時間居座った
- 債務者または保証人以外の者に取立への協力をした際に、協力に応ずる意思のない旨の回答があったにもかかわらず、さらに当該債務者等以外の者に対し、取立への協力を要求した
- 他の貸金業者からの借入れまたはクレジットカードの使用等により弁済することを要求した
- 債務処理に関する権限を弁護士に委任した旨の通知または調停その他裁判の通知を受けた後に、正当な理由なく支払請求をした
- 法律上支払義務のない者に対し、支払いの請求をしたり、必要以上に取立への協力を要求した

　債権回収においては、このようなことを行わないように気をつけ、常に冷静、かつ常識をもって行動しなければなりません。

（2）債権回収交渉のポイント

　債権回収における交渉は、すべてケースバイケースでの対応となるため、相手の顔色をうかがったり、駆け引きの心理戦を行ったり、慣れや

経験がモノをいうことになります。

　注意すべき最も重要なポイントは、次の3点です。

　①必ず2人以上の複数で交渉する

　②相手の土俵で相撲をとらない（相手の指定する場所では交渉せず、必ずこちらに呼んで面談する）

　③エンドの時間を決めて交渉する

　次に債権回収において、現場で気をつけて行動するポイントは、次の3点です。

　①一人勝ちをしない（Win-win の関係）

　交渉をまとめるには一人勝ちの状況ではまとまらないことが多いので、ときには、"損して得取れ"という考えも必要です。回収利益の極大化を図りながらも、相手方に少しでも利益を与えてあげることが、交渉をスムーズに進めるコツです。

　Win-win の後の win が小文字になっていますが、小さなことでも相手の利益を考えてあげることが交渉成功のカギとなるのです。

　②相手を追い詰めない

　相手方を徹底的に追い詰めると、相手は捨て身でぶつかってくるしかなくなってしまいます。そうなると、最後までこじれて修復不可能な状況に陥ることがあります。

　結局、最後は法的に回収せざるをえず、思ったほど成果をあげられないことになりますので、債権回収交渉では、「相手を追い詰めながらも、必ず逃げ道は用意してあげる」ことが交渉のポイントとなります。

③その場で決断（判断）する

　まとまりそうなときに、「持ち帰って検討します」と対応する人がい
ますが、債権回収の交渉では、時間が経つと相手の気が変わり、その間
に色々な知恵がつき、交渉が振出しに戻ってしまうことがあります。

　したがって、債権回収の交渉ではその場で決めることが重要です。

　決裁権限がない人は、事前に上司に「ここまでの条件なら決めてよい」
という許可をもらってから交渉に臨みます。決裁権限のある上司は、部
下が交渉に臨む際に、裁量を与える範囲を明確に権限委譲して交渉させ
るとうまく進みます。

（3）第三者からの回収の有効性

　債務者・保証人以外からの回収において悩むケースがあります。

　たとえば、債務者の両親が保証人ではないにもかかわらず、責任を感
じて弁済するというようなケースです。

　改正前民法では、「利害関係を有しない第三者は、債務者の意思に反
して弁済をすることができない」としていました。

　そこで、「改正前民法」と「改正後民法」の条文を比較してみます。

【改正前民法】（第三者の弁済）474条

『1　債務の弁済は、第三者もすることができる。ただし、その債務の
　　性質がこれを許さないとき、又は当事者が反対の意思を表示したと
　　きは、この限りでない。

　2　利害関係を有しない第三者は、債務者の意思に反して弁済をする
　　ことができない。』
　　　　　⇩
【改正後民法】

『（第三者の弁済）474条

1　債務の弁済は、第三者もすることができる。

2　弁済をするについて正当な利益を有する者でない第三者は、債務者の意思に反して弁済をすることができない。ただし、債務者の意思に反することを債権者が知らなかったときは、この限りでない。

3　前項に規定する第三者は、債権者の意思に反して弁済をすることができない。ただし、その第三者が債務者の委託を受けて弁済をする場合において、そのことを債権者が知っていたときは、この限りでない。

4　前三項の規定は、その債務の性質が第三者の弁済を許さないとき、又は当事者が第三者の弁済を禁止し、若しくは制限する旨の意思表示をしたときは、適用しない。』

　このように、改正後の民法では弁済をする場合に正当な利益を有する者でない第三者が主債務者の意思に反して行った弁済でも、主債務者の意思に反することを債権者が知らなかったときは、その弁済は有効であるとしています。

　一方、改正前の民法では、親など事実上の利害関係を有するだけの者の弁済は、債務者の意思に反して弁済をすることはできないとされています。

　では、債務者が行方不明になっているような場合、親が弁済をするとしているのに、金融機関は債務者の同意がないため、弁済を拒否しなければならないのかという点については、保証契約は金融機関と保証人との間の契約（法律上は債務者は関係がない）であることを利用して、親に弁済する額を限度とした保証に入ってもらい、弁済を受けて債権回収したことがありました。

改正後の民法では、事業性資金の場合は、保証契約の締結に先立って公正証書を作成することになっています。しかし、その条文の解釈から、弁済者に保証人になってもらう必要性は薄れたとも考えられ、保証に加えることなく、そのまま弁済をするについて正当な利益を有する者でない第三者からの弁済（金融機関は債務者の意思に反することを知らなかった）として受けるのも、一つの方策と考えられます。

（4）面談禁止の仮処分の活用

　仮処分は、不動産の移転禁止を目的とする処分禁止・占有移転禁止の仮処分が一般的ですが、仮処分にはさまざまな形態があり色々な仮処分を申請することができます。

　最近は、常識では考えられないことを行う債務者が増えており、そうした債務者に有効なのが、「面談禁止の仮処分」です。

　たとえば、金融機関への対応を不服として、手当り次第、関係者の自宅に出向いて面談を強要する債務者に困り果てたとします。そんなときに面談禁止の仮処分を申し立てます。

　その内容は、①債務者（取引先）は債権者（金融機関）の本店および各営業店の顧客用フロア以外の場所に立ち入ってはならない。②債務者は、債権者の役員、職員の自宅に手紙を送ったり、電話をかけたり、ファックスを送ったり、面談を強要したりしてはならない、とします。

　債務者が反社会的勢力であれば、仮処分が認められることも多く、反社会的勢力ではない場合でも、裁判所は債務者を審尋し、たとえば前記①と②の内容を認める代わりに、1ヵ月1時間を限度に本部担当者のみとの面談を認めるなどの和解をすることも可能です。

（5）反社会的勢力への対応

　債務者・保証人などが反社会的勢力の場合、直接、金融機関の職員が交渉してはいけません。

　筆者が債権回収担当者だった頃は、反社会的勢力と直接交渉せざるをえず、怖い思いをしました。反社会的勢力と交渉をすると、怖さのあまり何らかの利益を与えることで話をまとめようと考えてしまいます。

　今の時代、反社会的勢力にはどんな形にせよどんな小さな利益も与えてはいけません（利益供与をしてはいけない）。

　したがって、反社会的勢力に対しては、弁護士にその対応を委任するしかありません。

　各都道府県には、暴力追放センターなどが設置されており、そこには、反社会的勢力に関する担当弁護士が登録されているので、その弁護士に相談するのも一つの方法です。

　反社会的勢力に対して融資がある場合は、預金保険機構への債権譲渡（特定回収困難債権買取制度）を考えることになります。

（6）保証弁済の考え方

　金融機関が保証人に対し保証履行を請求する場面では、以前は徹底的に保証債務の履行を迫り、その決着として自己破産を求めるなどのケースもありました。

　ところが、金融庁の監督指針の着眼点では「保証人（個人事業主たる主債務者を含む）に保証債務（当該主債務者の債務を含む）の履行を求める場合には、上記意義にある指摘（対応いかんによっては、経営者としての再起を図るチャンスや社会生活を営む基盤すら失わせるといった

問題が生じているのではないか）にかんがみ、保証債務弁済の履行状況および保証債務を負うに至った経緯などその責任の度合いに留意し、保証人の生活実態を十分に踏まえて判断される各保証人の履行能力に応じた合理的な負担方法とするなど、きめ細かな対応を行う態勢となっているか」としています。

　したがって、保証人に債務履行を請求する場面では配慮が必要です。保証債務履行の決着の方法において、裁判所の調停や顧問弁護士の意見書などをもって、合理的な負担で決着をつけることも可能です。
　また、債権回収において費用対効果を考えるようになったことや、最終的にバルクセールによる債権売却によって決着をつけるようになったことも大きな考え方の変化です。

４．法的手続きと債権届出の知識

（１）破産手続きと実行時の注意点
　破産手続きとは、債務者が経営破綻などにより支払不能や債務超過の状態にあるとき、裁判所に申し立てて法的に清算する手続きのことです。
　破産手続きでは、破産者の財産を集めて金銭に換価したうえで破産財団を作り、そこから税金などの優先債権や手続きにかかる諸費用を控除し、残った金銭を債権者に公平に分配します。

　「自己破産」とは、債務者自身が裁判所に対して破産の申立てをすることです。それに対して「債権者破産」とは、債権者が債務者の支払不能や債務超過であることを証明して破産を申し立てることをいいます。
　裁判所は破産申立に理由があると判断すると破産宣告をし、同時に破

産管財人を選任します。破産管財人は、破産者のすべての財産について、それを管理・処分する権限を持ちます。

「同時破産廃止」とは、破産者にみるべき資産がなく、破産手続費用(破産管財人などの費用で50万円程度が目安)がまかなえない場合に、破産宣告と同時に破産手続きを終了させることです。

それに対して、「異時破産廃止」とは、破産管財人が選任された後に、破産手続費用もまかなえないことが判明して破産手続きを終了させることです。

同時（異時）破産廃止後の資産の処分権限者は破産者自身なので、たとえば、オーバーローンである自宅の任意売却の処分権限者は、本人ということになります。

破産の申立てをしただけでは借金は免除されません。免責の申立てが認められて初めて債務は免除されます。

免責が不許可になる場合は、財産の隠匿、浪費・賭博などの行為で著しく財産を減少させた場合、偏頗(へんぱ)弁済、詐術を用いた信用取引による財産取得などが考えられますが、現実の運用はゆるやかで、ほとんど免責が認められます。

債権者は免責申立に異議を申し立てることができます。

最近は、破産手続きの終了までのスピードが大変早くなり、破産事件の途中で破産管財人から破産者所有の不動産を財団から放棄する（別除権目的物の財団放棄）といわれることがあります。

特にオーバーローンの不動産の場合は、破産財団の利益は望めないので、破産管財人は財団からの放棄を打診してきます。その場合、競売申

立予定の場合は、放棄をしばらく待ってもらい、急いで競売の申立てをします。

　不動産の任意売却があと一歩のところまで来ている場合も、任意売却が成立すれば、破産財団にも売買価格の３〜５％程度の破産財団組入金が入るメリットを主張して、財団放棄を待ってもらいます。

　破産管財人が財団放棄した物件は、破産者の自由財産となりますので、破産者が個人の場合は破産者本人がその処分権限をもつことになり、競売申立てや任意売却の交渉は、本人を相手に行います。
　破産者が法人の場合は、競売申立ては裁判所に特別代理人を選任してもらい競売手続きを進行させることになります。
　任意売却の場合は、清算人を選任して、清算人を相手として話を進めることになります。

　破産事件においては、別除権者は全担保物件の処分が終わり、回収不足額が確定したことを証明できなければ配当を受けられません。
　担保物件が残っている段階で最後配当が近づいてきたら、別除権を放棄して破産の配当を受けた方が得か、破産の配当には目をつぶって担保物件からの回収を進めた方が得かを判断しなければなりません。
　別除権の放棄により配当を受ける場合は、実際に不動産登記簿上の担保権登記を抹消しなければなりません。

（２）民事再生法とメリット・デメリット
　民事再生法は、2000年４月１日に中小企業の法的再生の切り札として、従来からあった和議法の全面改正により施行された法律です。
　事業再生型の法的手続きには、会社更生法、民事再生法、特定調停法

がありますが、民事再生法は立法時に想定されていた中小企業だけでなく大企業・上場企業・個人にまで幅広く利用されており、今では事業再生型法的手続きの主流となっています。

　民事再生法には、債務者から見ると次のようなメリットがあります。

・DIP 型手続きのため経営者が継続して業務執行ができる
・民事再生を申し立てた債務者会社の従来の経営陣がそのまま経営権を持ち続け再生に取り組むことができる
・迅速に手続きを進めることができる
・東京地裁の再生標準スケジュールでは、申立てから開始決定までは約1週間、申立てから債権者集会・認否決定まで約5ヵ月というスピーディな手続きが可能
・事業価値を劣化させることなく事業再生することができる
・可決要件が緩やか
・出席債権者の過半数かつ議決権の2分の1の賛成で可決される

　一方、デメリットは次の通りです。

・担保権は別除権であり、再生には担保権者の協力が不可欠
・競売などの担保権の行使が自由にできるため、担保権の対象物件が再生に必要な物件の場合、担保権者と個別の交渉が必要となる
・世間では倒産とみなされる
・再生という名前がついているが、金融機関にとっては当然の期限の利益喪失事由であり、世間からすれば倒産以外の何ものでもない

民事再生手続きの大きな流れと標準スケジュールは次の通りです（カッコ内は申立日からの日数）。

・再生開始の申立て〔０日〕
　　　⇩
・弁済禁止保全処分〔０日〕
　〜裁判所の命令により申立て前の債務の支払いを止めます。一部
　　の債権者に支払うと債権者間の公平が害されてしまうため保全処
　　分が出されます。
　　　⇩
・再生開始決定〔１週間＋１日〕
　　　⇩
・再生債権の届出〔届出期限１ヵ月＋１週間〕
　　　⇩
・再生計画案の提出〔３ヵ月〕
　　　⇩
・債権者集会・認可決定〔５ヵ月〕
　〜民事再生事件の約３分の２は認可されています。
　　　⇩
・再生計画の遂行
　　　⇩
・民事再生終結

　民事再生申立には、弁護士費用のほか裁判所への予納金が必要となります。その額の目安は各裁判所によって異なりますが、東京地裁の場合は以下の通りです。

＜裁判所に納める予納金の額＞

負債総額	予納金基準額
5,000万円未満	200万円
5,000万円 ～ 1億円未満	300万円
1億円 ～ 5億円未満	400万円
5億円 ～ 10億円未満	500万円
10億円 ～ 50億円未満	600万円
50億円 ～ 100億円未満	700万円
100億円 ～ 250億円未満	900万円
250億円 ～ 500億円未満	1,000万円
500億円～ 1,000億円未満	1,200万円
1,000億円以上	1,300万円

　民事再生法を理解するためのポイントは、次の①～⑩の通りです。

　①事業者に限らずすべての法人・個人が対象

　民事再生手続特則として個人再生手続きが2001年４月から施行されています。民事再生法はすべての法人・個人が利用することのできる手続きです。

　②経営が破綻する前の申立てが可能

　従来の倒産法では、支払不能や破産原因がなければ申立てができませんでした。しかし民事再生法では、破産のおそれがある場合や、債務の弁済をすると事業継続に著しい支障をきたす場合でも申立てできます。

　これにより事業が大きく毀損（きそん＝壊れること）する前に有効な手が打てることになりました。

　③経営者が申立後もそのまま経営を続けることができる

　民事再生法は、従前からの経営者が引き続き業務執行および財産管理

処分を行う自主的手続きが基本です。法的申立てにより経営権を失ってしまうと経営者は申立てを躊躇してしまいます。

　そうなると、事業の毀損が大きくなって再生が手遅れになる可能性が高くなります。民事再生法では基本的にそのまま経営が続けられるので、申立てに踏み切りやすいといえます。

　しかし、ときには債権者から民事再生可決の条件として社長交代を突きつけられることもあり、必ず従前の経営者が経営を続けるということではありません。

④入口も出口も広い手続き

　民事再生法では、その入り口である手続きの開始原因が広くなっています。すなわち、裁判所は明らかに再建できる見込みがないときや、再建計画案を作成できないと判断される企業でない限り、手続きを開始します。

　出口においては、再生計画案可決の要件が比較的緩やかで、数の要件として出席債権者の過半数かつ金額の要件として、議決権（無担保一般債権）総額の2分の1以上の賛成で可決となります。

　取引継続希望の小口債権者が賛成し、メインバンクである大口の金融債権者が賛成すれば可決という図式になります。

⑤迅速に進行できる手続き

　手続きが短期間で終了するため、企業が事業価値を劣化させることなく再生が可能です。

⑥監督委員による監督がつく

　ほぼ全件について監督委員の弁護士が選任されます。監督委員は3年間にわたり債務者の逸脱行為をチェックします。

⑦事業継続に不可欠な資産の確保が可能

担保権消滅許可制度（事業の継続に必要不可欠な資産について、再生債務者が担保物権の価額を表示して担保権消滅の許可を求める制度）や担保権実行中止命令（債権者の競売を申立てに対し、担保権の目的物が主力工場など再生のために不可欠な物件の場合は、対抗手段として中止命令の申立てができ、裁判所が再生計画議決時まで競売手続きを中止することが再生債務者の一般の利益に適合すると判断すれば、一時的に中止される）が定められています。

⑧別除権協定の締結が可能

事業継続に不可欠な資産に担保がつけられていても、弁済協定の締結により事業継続を模索することができます。

⑨再生債権者表には確定判決と同一の効果が付与されている

債権者は、再生債務者が計画通りの配当をしない場合、強制執行が可能です。

⑩とりあえず民事再生を申し立てるケースがある

一般的には再生型の民事再生が主流ですが、清算型の民事再生、Ｍ＆Ａを使った民事再生も可能です。

不渡り回避（０号不渡りとなり銀行取引停止処分にならない）ができるのも特徴の一つで、申立てをした後で再生できないのであれば、破産に移行しますから、とりあえず民事再生を申し立てるといった使われ方もあるのが現実です。

金融機関にとって民事再生を申し立てた会社の手形・小切手の呈示には、手続開始の申立後か開始決定後かにより不渡事由が微妙に異なるの

で、注意が必要です。

　民事再生手続開始の申立てがあって、民事再生法30条1項に基づき弁済禁止の保全処分がなされた場合は、「民事再生法〔30条1項〕による財産保全中」を事由として不渡返却〔0号不渡〕します。

　民事再生手続きの開始決定があって、その開始決定後、再生債権に基づいて手形・小切手が呈示された場合は、「民事再生手続開始決定〔民事再生法85条〕を事由として不渡返却〔0号不渡〕します。

　民事再生法は債権がカットされるのになぜ賛成されるのかについては、次の理由に集約されます。

　民事再生法では、再生計画案に基づく支払額は申立企業が破産した場合の支払額よりも多くなければならないと決められています。破産となればほとんど配当はゼロ、民事再生ならば不満ながらも少なからず配当があるので、どっちが得かという判断を債権者は行います。

　金融債権者ではない一般の取引先においては、破産してしまえば当然事業はなくなり商取引はそこで終了します。しかし、民事再生で生き残れば事業継続となり、商取引を継続することによって今後利益をあげる可能性が出てきます。そこで、損害の一部でもリカバリーできるチャンスが生まれるのなら、やむなく賛成するという結果になります。

　金融機関が考える民事再生計画案に対する主な賛否のポイントは、大きく次の5項目です。

①経済合理性があるか
　当たり前のことですが、破産した場合と比較すると民事再生配当を受

けたほうが経済合理性があります。

②履行可能性があるか

破綻原因の除去がされているかどうか、今後の事業計画と見通しはどうか、スポンサーはあるかなどの視点で履行可能性を検討します。

③社会的妥当性があるか

業種としての重要性はどうか、地域社会に与える影響はどうか、下請けの連鎖倒産回避、雇用の確保といった面から地域社会に与える影響を考えます。

④経営責任についてどう考えるか

民事再生はDIP型手続きであるといっても、無条件に旧代表者を残すことには金融債権者としては抵抗がありますが、中小企業は経営者の交代によってより苦境に立つ場合もあり、徹底的に経営責任を追及するよりも全体の再生の流れに配慮する姿勢も、昨今は必要となってきているなどの視点で社会的妥当性を考えます。

⑤他の債権者の動向はどうか

金融債権者の動向、商取引債権者の動向など他の債権者の動向を考えることも必要です。

DIPファイナンスとは、一般的に民事再生手続きにより再生を図る企業に対する新規融資のことをいいます。一度倒産した会社への融資のため心理的な抵抗感がありますが、ビジネスチャンスの一つと捉えて取り組む金融機関もあります。

民事再生企業にとっては、資金繰りの安定化はもとより、DIPファ

イナンスによる資金枠の確保は再生への大きなアナウンスメント効果となります。

　金融機関にとっても、金利（ミドルリターン）面や保全（弁済の優先性）のメリットが得られるケースがあります。

（3）個人再生手続き

　小規模個人再生と給与所得者等再生を合わせて、「個人再生手続き」といいます。

　小規模個人再生手続きは、将来において継続的にまたは反復して収入を得る見込みのある個人で、かつ再生債権の総額が5,000万円を超えない場合（住宅資金貸付債権の額、別除権行使により弁済が見込まれる額、罰金等の額を除きます）に認められる制度です。

　再生計画案の議決権行使方法が、書面投票によって行われ、再生計画案に同意しない旨の回答をした議決権者が、議決権者総数の半数に満たず、かつ、その議決権の額が議決権者の議決権の総額の2分の1を超えないときに、再生計画案の可決があったものとみなされます。

　計画弁済総額が、基準債権の総額が3,000万円超～ 5,000万円のときはその10分の1、3,000万円以下のときはその5分の1または100万円のいずれか多い額を下回っているとき、破産配当額を下回っているときには、その再生計画案は認可されません。

　給与所得者等再生は、小規模個人再生のうち、給与またはこれに類する定期的な収入を得る見込みがある人で、かつその額の変動の幅が小さいと見込まれる場合に認められる制度です。

　その特徴は、再生計画案に対する書面投票も不要で、裁判所が届出再

生債権者の意見を聴いたうえで、認可が結定されます。

　住宅資金貸付債権の特則とは、経済的窮境に陥っている住宅ローン債務者の経済的再生を図るために、他の一般債務については減免を受け、住宅ローン債務については、期限の利益復活、リスケジュール、元本猶予期間併用、特別合意、そのまま返済など内容を決めて、生活の基盤である住宅を確保することを目的とする制度です。

　保証会社が代位弁済した日から、６ヵ月以内であれば、その申立ては可能です。

（4）会社更生手続き

　会社更生手続きとは、窮境状態にある株式会社の更生計画策定および遂行をして、債権者などの利害関係を調整し、会社更生申立会社の事業の維持、再生を図る裁判上の手続きです。再建型の倒産処理手続きですが、比較的大規模な株式会社に用いられます。

　会社更生手続きには、独自の特徴があり注意が必要ですが、その最大の特徴は、他の法的倒産手続きでは担保権は別除権として担保権者が自ら行使できますが、会社更生手続きでは、担保権者も更生担保権者として会社更生手続きに取り込まれてしまい、担保権の実行ができないことです。

　また、最近は新しい「DIP型の会社更生手続き」という手法が出てきています。

　従来の会社更生手続きでは、従来の経営陣は全員退任して、新たな更生管財人が選任され会社の経営を行うのが基本でしたが、DIP型では、従前の経営陣が管財人となり事業運営を継続することができます。

その背景としては、同じ法的再生型でDIP型を取る民事再生が完全に定着したこと、また倒産に至る原因には外部環境もあり、経営者の個人的資質や責任だけが倒産に至った原因ではないはずだ、というアメリカ的な考え方が定着してきたからです。

　DIP型会社更生手続きでは開始申立後、開始決定前までの保全期間中は、保全管理人は選任されず、その間は裁判所が選任する監督委員兼調査委員の監督のもとで、会社更生申立代理人の助言に従い、現経営陣が経営を続行します。
　DIP型会社更生手続きの運用が認められ、開始決定がなされた後は、現経営陣のなかから裁判所により指定された更生管財人が、裁判所や調査委員の監督の下で会社の再生を果たすというものです。

　当然のことながら、現経営陣に違法な経営責任問題がなく、かつ債権者の大きな反対がなく、現経営陣が引続き経営に携わることが早期の再生につながる場合に、このDIP型会社更生手続きの運用がなされます。
　金融機関の立場で考えると、会社を窮境に陥らせた現経営陣がそのまま会社を経営することに抵抗感があるうえに、会社更生法では民事再生法と異なり、担保権は更生担保権となり、別除権として自由に行使できないので、金融機関は何も抵抗できないことになります。

　少額の更生債権等の弁済とは、弁済しない場合の事業継続支障性、弁済する債権の少額性などを勘案して、少額の更生債権を早期に弁済してしまうことです。これは民事再生でもよく行われます。

　包括的弁済許可とは、日本航空における会社更生手続きで認められたもので、国家的な企業であり事業の継続性を最優先するために、会社更

生手続きであっても商取引債権を優先的に保護・弁済することへの許可
です。

　JAL（日本航空）に続きウィルコムなど10件を超える事案にまで拡大
しています。債権者平等が原則である法的整理に例外が誕生したといえ
るでしょう。

（5）債権届出

　取引先が破産したときなど債権届を提出しなければ、その配当にあず
かることができなくなります。債権届の提出は、債権管理・回収上重要
な行為です。

＜債権届出の種類＞
①破産債権届

　破産債権届は届出期間内に提出するのが基本です。しかし、実務を
行っていると出し忘れることが時々あります。

　その場合、破産債権届は最後配当の除斥期日までは何とかなります
が、特別期日において別に調査されるため、それにかかる費用は負担（数
万円程度）しなければなりません。

　破産ともなると配当がほとんどないケースも多いため、費用倒れする
こともあり、債権届を出す目的など（配当受取り、時効の更新などの目
的）を考えながら対応を行うことになります（**資料8**）。

②民事再生債権届

　民事再生法の債権届出は、再生債権者としての議決権の行使や再生手
続きによる弁済および時効中断の効果などがあります。

　この（民事）再生債権届出書の提出を忘れた場合、再生計画認可決定
が確定してしまうと原則として免責となって失権してしまうので注意が

必要です。これを忘れると、破産と違ってアウトとなる可能性が高いので絶対出し忘れてはいけません（**資料9**）。

　再生債権者の責に帰し得ない事由によって届出が期間内にできなかった場合には、その事由が消滅してから1ヵ月以内に届出の追完（法的に効力が未確定な行為についてあとから行為を有効にすること）をすることが認められます。

　③会社更生債権届

　会社更生法の場合、債権届出期間内にしないと、たとえ更生会社がその更生債権があることを知っていたとしても失権することになります。民事再生と同様、絶対届出を忘れてはいけません。

　更生債権者の責に帰し得ない事由によって届出が期間内にできなかった場合には、その事由が消滅してから1ヵ月以内に届出をすることができます。

　④競売

　＜競売債権届＞

　競売の場合は、最初に（競売）債権届出書を提出します。

　競売開始決定が出た段階では、利息・損害金などの債権が確定していないので、「○年○月○日から支払済まで」という表現で利息・損害金については提出します（**資料10**）。

　＜競売債権計算書＞

　競売が落札されて、配当日が決まると、債権計算書を提出します。債権計算書では、利息・損害金の計算は配当日まで計算します。

　抵当権の場合は、最後の2年分の利息・損害金とそれ以外の利息・損害金を分けて記入を求める裁判所もあります（**資料11**）。

資料8　破産債権届出書

破 産 債 権 届 出 書 (従業員以外の方用)	財産状況報告集会への出席予定	□出 □欠	債 権 者 番 号

【破産者の表示】
破産者の氏名（商号）**株式会社　○○○○**
事件番号　令和 ○ 年 （フ）第 ○ 号

届出年月日
令和 ○ 年 ○ 月 ○ 日

上記事件について、以下のとおり破産債権の届け出をします。

【届出債権者】
〒500−8516
住　所（本店）　　○○県○○市○○町○−○−○
（通知等を受ける場所）
氏　名（商号又は屋号）　　**株式会社　○○銀行**
（代表者）　　　　　○○○○

代表者 ㊞

ＴＥＬ（○○○）○○○−○○○○（担当者名 ○○　内線番号等 ）
ＦＡＸ（　　）　−

※下記の代理人に債権届出・集会出席・配当金受領等一切の権限を委任します。
〒□□□−□□□□
住　所（又は通知等を受ける場所）
氏　名（代理人名）

代理人 ㊞

ＴＥＬ（　）　−　（担当者名　　　内線番号等　）
ＦＡＸ（　）　−　（担当者名　　　内線番号等　）

岐阜地方裁判所（□大垣支部　□高山支部　□多治見支部　□御嵩支部）御中

債権の種類	債権額	別除権	優先権	債権の内容及び原因
□ 1売掛金	円	□有	□優先債権 □劣後債権	
☑ 2貸金	7,349,861 円	□有	☑優先債権 □劣後債権	R○.○.○付金銭消費貸借契約に基づく貸付金 1000万円の残元金7,349,861円
□ 3立替金	円	□有	□優先債権 □劣後債権	
□ 4手形(小切手)金	円	□有	□優先債権 □劣後債権	
□ 5求償金	円	□有	□優先債権 □劣後債権	
□ 6請負代金(加工費)	円	□有	□優先債権 □劣後債権	
□ 7損害賠償金	円	□有	□優先債権 □劣後債権	
□ 8その他( )	円	□有	□優先債権 □劣後債権	
□ 9その他( )	円	□有	□優先債権 □劣後債権	
☑ 10利息金	88,239 円	□有	☑優先債権 □劣後債権	上記残元金に対するR○.○.○からR○.○.○までの年○%の割合による利息金
□ 11損害金	円	□有	□優先債権 □劣後債権	
合計	7,438,100 円	□訴訟有（　　地裁　　支部 令和　年（　）第　号）		

執行力のある債務名義　□有（　　　地裁　　支部 令和　年（　）第　号）

別除権　予定不足額　　　　　　　円
別除権の目的である財産は、□裏面　□別紙　記載のとおり

【配当金がある場合の振込先口座】…本人又は代理人名義の口座を1つだけ記載して下さい。
銀行　　　　　支店　　　　預金の種類：1普通・2当座
金庫　　名義人：　　　　　　　口座番号：

★届け出た債権について、配当額が1000円未満の場合でも配当金を受領する意思があります。

【注意】提出する書類は、この届出書2通、証拠書類の写し1通、代理人資格証明書1通（法人のみ商業登記簿謄本）、太枠内のみ記載し、該当する□欄にレ印でチェックして下さい。

113

資料9　（民事）再生債権届出書

<table>
<tr><td>令和 〇〇 年（再）第 〇〇 号
再生債務者　〇〇〇（株）</td><td colspan="2" style="text-align:center"><big>再生債権届出書</big></td><td>裁判所
受付番号</td></tr>
</table>

上記事件について再生手続に参加するため、以下のとおり再生債権の届出をします。
　　令和 〇 年 〇 月 〇 日
　　住所（本店所在地）　〒 〇〇〇 - 〇〇〇〇
　　送達場所
　　　　　　　　　　〇〇県〇〇市〇〇町〇丁目〇番〇号

　　　届出債権者（商　号）　**株式会社〇〇銀行**

　　　　　　　　　　（代表者）　〇〇〇〇　　　　　　　　印
　　　　　　　　　　（ＴＥＬ）　〇〇〇 - 〇〇〇 - 〇〇〇〇
　　　　　　　　　　（ＦＡＸ）
　　　　　　　　　（本件の債権届出につき下記の者にその権限を委任します。）
　　住所　〒 -
　　送達場所
　　　　　　　　　代理人　　　　　　　　　　　　　　　　印
　　　　　　　　　　　　（ＴＥＬ）
　　　　　　　　　　　　（ＦＡＸ）

　　岐阜地方裁判所　御中

届出債権額	合 計 金	**36,421,875**	円

	債権の種類及び額	債権の内容及び原因
残 元 金	□ 売掛金（売渡物　　　　　　） ☑ 貸付金（元利 **35,000,000** 円） □ その他（　　　　　　　　　） □ 別紙記載のとおり 　　　　　金　　　　　　　　円	□ 令和　年　月　日から令和　年　月　日までの取引 □ 令和　年　月　日貸付令和　年　月　日弁済期 ☑ 別紙記載のとおり □
利 息 損 害 金	□ 約定利息金（利率 **2.250** ％） 　　金　　　　　　 **196,875** 円	□ 残元金に対する令和　年　月　日から開始決定日前日まで □ 残元金に対する開始決定日後から支払済まで（不確定） ☑ 別紙記載のとおり
	□ 遅延損害金（利率 **14** ％） 　　金 　　　　 **1,225,000** 円	□ 残元金に対する令和　年　月　日から開始決定日前日まで □ 残元金に対する開始決定日後から支払済まで（不確定） ☑ 別紙記載のとおり
手 形 金 等	□　手形金　□　小切手金 額面総額 　　　　金　　　　　　　　円 （損害金は上記のとおり）	別紙（目録）記載の手形（小切手）を所持している。 ※　手形（小切手）目録を添付するか手形（小切手）の 　　表裏のコピーを添付してください。

担保の表示		□　無　　　□　物上保証　　☑　別除権（点線以下の部分を記入する）	
別 除 権 の 場 合	種　　　類	□　抵当権（順位　　番）　☑　根抵当権（極度額 **30,000千円** ・順位 **1** 番） □　その他（　　　　　　　）	
	別除権の目的 である財産	〇〇市〇〇町 〇 - 〇 - 〇　　宅地　330.30㎡	
	予 定 不 足 金		議決権額

再生債務者と訴訟 係属のある場合	裁判所 事件名	支部令和　年（　）第　　　号 原告　　　　　被告	執行力ある債 務名義の有無	有 無

※　提出していただく書類　この届出書2通、法人の場合は資格証明書1通
※　欄に記載しきれない場合は、別紙の「その他」欄（または適宜の用紙）に記載してください。

資料10　（競売）債権届出書

<table>
<tr><td colspan="3" style="text-align:right">令和○年（ケ）第○号</td></tr>
</table>

債　権　届　出　書

令和○年○月○日

○○地方裁判所民事部　御中

〒○○○−○○○○　　住　所　○○県○○市○○町○−○−○

　　　　　　　　　　氏　名　　○○信用組合

　　　　　　　　　　　　　　　代表理事　○○○○

　　　　　　　　　　電　話　○○○○−○○−○○○○

下記の通り債権の届出をします。

番号	債権発生の年月日及びその原因	元金現在額	登記の表示（仮差押えの場合は、併せて事件の表示）
／	R○.○.○付信用組合取引約定書に基づくR○.○.○手形貸付	円 6,000,000	R○.○.○　受付第○○○○号 根抵当権　極度額 1,000 万円
	合　計	6,000,000円	
（例1）	○.2.16付 金銭消費貸借	10,000,000円	○.2.16受付　第　号　根抵当権
（例2）	○.2.16付 売買契約	550,000円	○.6.1受付　第　号　仮差押（　地域令和○年（ヨ）第　号）

元金番号	期　　間	日数	利率	利息・損害金の別	利息、損害金現在額
／	R○.○.○ ～　完済		14%	損害金	
（例1）	○.6.1～○.3.31	304	年 3%	利　息	413,438円
（例2）	○.10.1～完　済		年 14%	損害金	

完済までの損害金を請求するときは期間欄に「……～完済」と記入してください。

所有権移転に関する仮登記	□担保仮登記である　□担保仮登記ではない

(注) この届出書を作成する場合には、記載例を参考にしてください。

資料11　（競売）債権計算書

<table>
<tr><td colspan="3" style="text-align:right">令和○年（ケ）第○号</td></tr>
</table>

債 権 計 算 書

令和 ○ 年 ○ 月 ○ 日

○○地方裁判所　御中

〒○○○-○○○○　　住　所　○○県○○市○○町○-○-○

氏　名　　○○信用組合

代表理事　○ ○ ○ ○

電　話　○○○○-○○-○○○○

債権額の計算は下記のとおりです。

債 権 額 合 計 金　　**5,402,738**　円

番号	債権発生の年月日及びその原因	元金現在額	債務名義、仮差押命令又は担保権の表示
/	R○.○.○付信用組合取引約定書に基づくR○.○.○手形貸付	5,000,000円	R○.○.○ 受付第○○○○号 根抵当権 極度額 1,000万円
	合　計	5,000,000円	
(例)	○.2.1付 売買契約	1,000,000円	岐阜地方裁判所令和○年(ワ)第123号事件 和解調書

元金番号	期　間	日数	利率	利息・損害金の別	利息、損害金現在額
/	元金6,000,000円 R○.○.○ ～ R○.○.○	100日	14%	損害金	230,136円
	元金5,000,000円 R○.○.○ ～ R○.○.○	90日	14%	損害金	172,602円
	合　　　計				402,738円
(例)	○.10.1～○.3.31	182	年14%	損害金	69,808円

執 行 費 用 の 内 訳			
		合　計	
		(例)差押命令申立書貼用印紙	3,000円

５．相殺の知識

（１）相殺の基本

　相殺とは、２以上の当事者間において対立する同種の債権・債務が存在する場合、それを対等額で消滅させることです。相殺をするには、「相殺適状」（そうさいてきじょう）という対立する債権債務が弁済期になければなりません。

　融資については、取引約定の「期限の利益の喪失」により弁済期となります。一方預金については、普通預金や当座預金については弁済期の定めがなく、定期預金については金融機関がいつでも期限の利益を放棄することができるので、いつでも相殺適状になります。

　相殺の方法は、当事者の一方から相手方に対する意思表示によりなすべきとされており、意思表示は金融実務では内容証明郵便により行われます。そして、その意思表示の到達によって効力が生じ、双方の債務が相殺適状に達した初めに遡って効果が生じます。

　相殺をする側が持っている債権（金融機関では貸金）を自働債権、相殺される側（債務者の預金）の債権を受働債権といいます。

　なお、相殺通知書の例については、**資料12・13**を参照してください。

資料12　相殺通知書1（債務者預金との相殺の例）

相殺通知書

前略、当行は貴社と令和○年○月○日銀行取引契約を締結し、現在まで取引を継続してきました。

ところが、貴社は令和○年○月○日に○○手形交換所において銀行取引停止処分を受けられましたので前記銀行取引契約の第五条の約旨により期限の利益を喪失されました。

従いまして、後記表示の当行が貴社に対し有する貸金債権と、貴社が当行に対して有する預金債権とを対当額において相殺いたしますので右御通知申し上げます。

敬具

記

自働債権の表示（貸金債権の表示）

手形貸付金元金

金○○円也

但し、前記銀行取引契約に基づき、当行が貴社に対し後記の手形貸付の方法で貸付した現在元本

約束手形の表示

手形金額　　　○○円

支払期日　　　令和○年○月○日

支払地　　　　○○市

支払場所　　　株式会社○○銀行○○支店

振出日　　　　令和○年○月○日

	振	出	地			○	○	市							
	振	出	人			○	○	株	式	会	社				
	受	取	人			株	式	会	社	○	○	銀	行		
受	働	債	権	の	表	示	（	預	金	債	権	の	表	示	）
一	．	別	段	預	金	（	当	座	解	約	金	）			
	金	○	○	円	也										
	但	し	、	貴	社	名	義	の	当	座	預	金	口	座	番 号 ○ ○
	番	の	解	約	金										
二	．	普	通	預	金	元	利	金							
	金	○	○	円	也										
	但	し	、	貴	社	名	義	の	普	通	預	金	口	座	番 号 ○ ○
	号	の	元	金	○	○	円	並	ぴ	に	税	引	後	解	約 利 息 ○
	○	円	の	合	計	金	員								
三	．	定	期	預	金	元	利	金							
	金	○	○	円	也										
	但	し	、	次	に	記	載	す	る	元	利	金	合	計	金 員
	額	面	額			○	○	円							
	証	書	番	号		○	○	番							
	名	義	人			○	○	株	式	会	社				
	満	期	日			令	和	○	年	○	月	○	日		
	前	記	元	金	に	対	し	令	和	○	年	○	月	○	日 から 令
	和	○	年	○	月	○	日	ま	で	年	○	．	○	パ	ー セ ン ト
	の	割	合	の	税	引	後	預	金	利	息	○	○	円	
										令	和	○	年 ○ 月 ○ 日

○○市○○町○丁目○番地
株式会社○○銀行○○支店
支店長○○○○

○○市○○町○丁目○番地
○○株式会社
代表取締役○○○○殿

資料13　相殺通知書2（保証人預金との相殺の例）

相　殺　通　知　書

　前略、当行は貴殿の連帯保証のもとに○○株式会社殿との間に令和○年○月○日銀行取引契約を締結し、現在まで取引を継続してきました。

　ところが、○○株式会社殿が令和○年○月○日に○○手形交換所において銀行取引停止処分を受けられたことにより、前期銀行取引契約の第五条の約旨により期限の利益を喪失されたので、貴殿の当行に対する保証債務の期限の利益も同時に喪失されました。

　従いまして、後記表示の当行が貴殿に対して有する保証債務履行請求権と貴殿が当行に対して有する預金債権とを対当額において相殺しますので右御通知いたします。

敬　具

記

自働債権の表示（貸金債権の表示）

　手形貸付金元金

　金○○円也

　但し、貴殿の保証にかかわる前記銀行取引契約に基づき、当行が○○株式会社殿に対し約束手形により手形貸付の方法で貸付した現在残元本に対する保証債務履行請求権

受働債権の表示（預金債権の表示）

普通預金元利金
金○○円也
但し、貴殿名義の口座番号○○号の普通預
金元金○○円並びに税引後解約利息金○○
円の合計金員

令和○年○月○日

○○市○○町○丁目○番地
株式会社○○銀行○○支店
支店長○○○○

○○市○○町○丁目○番地
○○○○殿

（2）年金との相殺

　営業店でよく問題となるのは、保証人の口座に振り込まれた年金との相殺です。

　この点に関しては、信用金庫の債権と国民年金が振り込まれた預金口座の預金との相殺を認めた判例〔最三小判平成10.2.10〕があります。判例によると、年金債権自体の差押えはできないものの、年金が預金口座に振り込まれた時点で預金となるため、相殺は可能という結論が導き出せます。

　一方、営業店では倒産した債務者の保証人の預金口座に年金が振り込まれ、生活のために払い出して欲しいと懇願され、どうしたらいいか悩むことがあると思います。営業店から「どうすればいいですか？」と聞かれれば、本部では「確定した最高裁の判例により法的には相殺しても問題ありません」と冷たく答えざるをえません。

　しかし、保証人が本当に生活に窮していた場合、金融機関として相殺してもよいのでしょうか。

　その場合、筆者は「相殺することによって生活権の侵害になると営業店で判断したなら、払出しについては営業店長の判断に任せます」と答えるようにしています。

　これが正しい判断かどうかはわかりませんが、債権回収においては、そのときその状況に応じてよく考えて決断した答えは、ある意味すべて正解なのだと信じて仕事をしないと前には進めません。

（3）民事再生と相殺

　民事再生法は、2000年4月1日に施行された法律で、経営者が継続して業務執行ができるDIP型手続き、手続きが迅速で事業価値を劣化

させることなく事業再生することが可能、可決要件が緩やかなどの利点があることから、今では再生型法的手続きの主流になっています。

　民事再生手続きでは、再生債権届出期間満了までに相殺をしなければなりません〔民事再生法92条１項〕。したがって、民事再生法申立と聞いたら、すぐに営業店長は相殺の手続きを取るように指示します。

　これは重要なポイントです。

　もしも相殺の機会を逃すと、その預金は再生債務者に返さなければならなくなります。

（4）破産と相殺

　破産手続きとは、債務者が経営破綻により支払不能や債務超過の状態にあるとき、裁判所に申し立てて法的に清算する手続きのことをいいます。破産の場合は、預金の入金時期により相殺ができたりできなかったりします。

　その入金時期とは次の４つです。

①支払不能

　債務者が支払能力を欠くために、その弁済期にある債務が一般的、継続的に弁済できない状態で、客観的に判断され、債務者の支払意思には左右されません。

　「この会社は危ないかもしれない、倒産するかもしれないぞ」と客観視した状況です。

　この状況では、将来倒産したら相殺するという目的のために預けられた預金は相殺できませんが、通常の金融取引・商取引で入金された預金については相殺が可能です。

②支払停止

債務者が倒産を表明した、銀行取引停止処分となった、夜逃げをした、弁護士から破産の受任通知が届いたなど期限の利益を喪失した状態です。

この支払停止後に入金となった預金とは相殺はできません。

ただし例外として、預金債務負担が支払停止または破産の申立の事実を知るよりも前に生じた原因に基づく（たとえば、手形の取立委任されたものが入金となった）ときは相殺が許されます。

③破産申立

破産申立後、破産手続き開始前に入金となった預金は、支払停止後に入った預金と同じ対応になります。

すなわち、破産申立後に入金となった預金とは相殺はできませんが、例外として、預金債務負担が支払停止または破産の申立ての事実を知るよりも前に生じた原因に基づく（たとえば、手形の取立委任されたものが入金となった）ときは相殺が許されます。

④破産手続開始

破産手続開始後に入金になった預金は相殺できません。ここには例外はないため、最後は破産管財人に対して払い出すことになります。

このように、預金の入金時期によって相殺ができるのかできないのか、対応の仕方が違ってくるので、営業店では別段預金に振り替えるなど預金に色をつけておくと、後の相殺や返還の際に適切な対応がとれることになります。

＜破産法71条、72条のポイント＞

この条文のポイントは次の３点です。

①法定の原因に基づくとき、すなわち金融機関が破産者の会社合弁、相続により預金債務を負担した場合には相殺が許されます。

②預金債務負担が支払停止（不能）または破産の申立ての事実を知るよりも前に生じた原因に基づくときも相殺は許されます。

③破産手続開始の申立てより１年前に生じた原因に基づくときは相殺が許されます。

＜相殺のできる入金できない入金＞

⇒（時間の流れ）

振込入金Ａは相殺可能です。

振込入金Ｂは相殺可能ですが、相殺することを目的に預け入れた預金は相殺できません。

振込入金Ｃは原則相殺できません。

ただし、入金が支払停止を知る前に生じた原因と認められるもの（手形の取立委任など）は相殺可能です。

振込入金Ｄは原則相殺できません。

ただし、入金が破産申立を知る前に生じた原因と認められるもの（手形の取立委任など）は相殺可能です。

振込入金Ｅは相殺できません。

（5）投資信託からの回収

期限の利益を喪失した債務者が、金融機関窓口で販売した投資信託を

持っているときに、どうやって回収したらよいのでしょうか。

　まず考えられることは、取引約定書にある金融機関が占有している動産、手形その他の有価証券の任意処分条項に従って、投資信託の強制解約、換価処分して融資金に充当するということですが、現在の投資信託振替制度では投資信託受益証券は発行されず、銀行が占有している動産、手形その他の有価証券にあたるかがそもそも疑問視されます。

　また、商事留置権に基づいて投資信託の強制解約、換価処分して貸金に充当することについても、商事留置権はモノまたは有価証券等を留置する権利ですから、投資信託を商事留置権として主張するにも疑問視されます。

　したがって、投資信託から債権回収するには、まず一般的に任意解約の手続きを依頼することになります。そして、任意解約してその代り金が口座に入金されれば、相殺は可能となります。

　そして、前述の破産と相殺の制限時期の問題となり、支払停止や破産申立の前に解約手続きを行ったものについては、相殺できる可能性があります。

６．仮差押えの知識

（１）仮差押えとは

　仮差押えとは、債権を回収するために債務者・保証人の財産が散逸しないように、裁判所に対して行う保全の手続きです。債権保全の手続きですから、この手続きだけで債権を回収することはできません。

　仮差押えから回収に至るまでの法的な流れは、仮差押え⇒訴訟の提起

⇒勝訴判決・債務名義（確定判決のように法律により執行力を付与された公正の文書）⇒強制執行（裁判所に不動産の差押え（強制競売）、債権の差押えなどの申請を行う）⇒回収（強制競売の配当による回収、債権差押えによる取立を行う）となり、かなりの時間を要します。

　したがって、まずは債務者・保証人の価値のある財産を仮に差し押さえて、その後の弁済交渉や担保取受けの交渉を行ううえで、心理的プレッシャーをかける手段と考えて行うと有効です。

・仮差押え

⇩

・訴訟の提起（債務名義を取得して強制執行を行うためのステップ）

⇩

・勝訴判決

⇩

・債務名義（確定判決のように法律により執行力を付与された公正の文書。確定判決の他には、仮執行宣言付判決、仮執行宣言付支払督促、和解調書、調停調書などがある）

⇩

・強制執行（裁判所に不動産の差押え、債権の差押え、動産の差押えなどの申請を行う）

⇩

・回収（不動産の差押え（強制競売による）配当による回収、債権差押えによる取立を行う）

（２）仮差押え申立時の注意点

　仮差押えを裁判所に申し立てるにあたり、大きく次の２つの要件があ

ります。

1つ目は金銭債権であること、2つ目は保全の必要性があることです。1つ目の要件は、金融機関の有する債権は、金銭債権がほとんどのため問題ありません。2つ目の要件は保全の必要性ですが、これはまたさらに2つの要件を必要とします。

すなわち、強制執行ができなくなるおそれ（不動産の名義を変更されるおそれ、財産を隠匿するおそれ、他の債権者の担保に入れられるおそれがあるなど）があることと、強制執行に著しい困難を生ずるおそれ（現在の状況において、将来強制執行をしても満足を得られない、つまり保全がない、不足していることの証明）の2つの要件があることが必要となります。

仮差押えは、債権者（金融機関）が一方的に裁判所に申し立てるもののため、担保（金銭・有価証券で押さえる対象物の評価の約1割から3割程度の保証金）を供託することを条件に仮差押命令が許可されます。

それは万一の場合に備えて、仮差押えを受けた人に対する損害賠償の担保となるものです。ですから、たとえば保証意思確認が怪しい保証人資産への仮差押えについては、慎重に対応しなければなりません。

営業店では、仮差押えを弁済交渉の材料にするとよいでしょう。とりあえず仮差押えを行って、入担交渉や弁済交渉をするのです。その場合、仮差押えを行う事前の段階で、仮差押えを予定していることを察知されないように注意する必要があります。

（3）仮差押え（差押え）を受けたときの対応

ここまでは、債権回収のため能動的に仮差押えを行うことを述べてき

ましたが、ここからは受動的に融資先の預金に、裁判所から（仮）差押命令が届いたときの対応を考えてみます。

預金に対する差押えには次の4つの種類があります。

①滞納処分による差押え

税金等を支払わない場合、役所によって強制的に取り立てられるもので、国税徴収法による税務署、その準用などによる都道府県税事務所、市役所や社会保険事務所などの差押えがあります。

②仮差押命令

金銭債権などの将来の執行が不能（期限の利益が喪失した状況など）となり、または著しく困難になるおそれ（財産を隠匿されたり処分されたりするおそれがあること）がある場合に、あらかじめ債務者の現在の財産を、仮に差し押さえておくことによって、将来の強制執行を保全する命令のことをいいます。

③差押命令

裁判に勝訴などして債務名義（確定判決のように法律により執行力を付与された公正の文書）を持っている債権者が、民事執行法に基づいて、裁判所への申立てにより認められるものです。

差押命令が第三債務者（金融機関）に送達され、かつ、債務者に送達され1週間が経過すれば、債権者（裁判で勝った者）は差し押さえた財産（預金）を取り立てる権利を持ちます。

④差押・転付命令

差押命令は同じものですが、それに転付命令がつくことにより、第三

債務者（金融機関）に対する権利が、債務者から債権者（裁判で勝った者）に移転し、債権譲渡があったと同じ効果により、債権者は自己の債権として回収できるというものです。

　これらの差押えを受けたときの対応は、次の①～⑤の手順で行います。

①差押えられた預金への支払停止処理

　営業店の実務としては、預金に対する仮差押えや差押えの通知が送達されたら、まず通知を受けた時間を正確に書きとめておき、差押えされた預金を通知書の内容と確認したうえで、差押対象預金について支払停止の処理をします。

　差押えの効力は、差し押えられた後に入金となった預金には及ばないので、別段預金などに移して、区別しておいたほうがよいでしょう。

　預金者への通知については、法律上の義務はありませんが、トラブル防止の観点から連絡をしたうえで、なぜそういう事態になったか確認します。

　預金に（仮）差押えがなされた場合、取引約定書第5条〔期限の利益の喪失〕の約旨により、当然喪失となり貸金の期限の利益は喪失状況となります。

　不動産に（仮）差押えがなされた場合は、請求喪失状況となります。

　業況が悪く倒産が近いと思われる債務者に対しては、期限の利益を喪失させて債権回収に走ると判断し、貸金と差し押えられた預金との相殺を行います。

②債務者へのヒアリングの実施

　一方、正常な債務者に対する預金の差押えは、何らかの理由があるは

ずです。期限の利益を喪失させ、すぐに預金と相殺する訳にはいかないため、債務者に対するヒアリングを行います。

③期限の利益喪失の判断

その結果、納得できる理由がある場合は、期限の利益の喪失を行わずに差押えを取り下げてもらう努力を要請します。場合によっては、差し押さえられた預金を債権者に払い出すなどの対応もありえます。

④信用保証協会などへの事故届の提出

信用保証協会の保証付き融資を利用している場合は、事故届など所定の手続きを行わないと将来免責となることがあるので、必ず連絡して指示を仰ぎます。

⑤陳述書の提出

差押命令が送達されると、金融機関は裁判所と差押債権者に2週間以内に陳述書を提出しなければなりません（**資料14**）。

陳述書の記入方法は次の通りです。

１．差押えに係る債権の存否

差押えされた預金がある場合は、あるに○（マル）、ない場合はないに○（マル）をします。ない場合は、2以下を記入する必要はありません。

２．差押債権の種類および額

ここには差押えられた債権の種類（たとえば当座預金、普通預金など）とその金額を現存する債権について記入します。

３．弁済の意思の有無

　反対債権（融資）がなく払い出しても問題がない場合は、あるに○を
します。すぐに相殺するなど、払い出す意思がない場合は、ないに○を
します。相殺する予定であるが、まだ決められない場合はどちらにも○
をつけません。

　４．弁済する範囲または弁済しない理由

この欄については次のようなことを記入します。

「反対債権があり相殺済み。」

「反対債権があるので相殺する予定。」

「反対債権があるので、将来相殺するかもしれない。その場合には弁
　済しない。」

　陳述書の「５」差押債権者に優先する権利、および「６」の他の差押
えについては、ある場合はその事実のとおりに記入します。すでに取下
げや取消しになっているものは記入する必要はありません。

　支店における陳述書提出の注意点としては、こうした陳述書が届いた
場合は、預金係で処理するのではなく、必ず融資係で対応するというこ
とです。預金係において反対債権（融資）の確認を忘れて、弁済の意思
があると間違って回答した場合はどうなるのでしょうか。

　金融機関は、差押え前から反対債権（融資）があれば、たとえ預金が
差し押えられても、相殺敵状になった段階で相殺できますから、たとえ
間違って回答したとしても相殺することはできます。ただし、陳述書に
誤った記載をしたことに対して損害賠償を請求される可能性はありま
す。

資料14　陳述書

令和○年（　）第○号

陳　述　書

令和○年○月○日

○○地方裁判所民事第○部　御中

下記のとおり陳述します。

第三債務者

〒○○○-○○○○
○○県○○市○○町○-○-○
○○信用組合
代表理事　○○○○　㊞

1	差押えに係る債権の存否		ⓐる　　　　　ない			
2	差押債権の種類及び額（金銭債権以外の債権は、その内容）		普通預金　　256,370円 定期預金　1,000,000円			
3	弁済の意思の有無		ある　　　　　ない			
4	弁済する範囲又は弁済しない理由		}反対債権があるので将来相殺するかもしれない。その場合には弁済しない。			
5	差押債権について、差押債権者に優先する権利を有する者（例えば、質権者）がある場合の記入欄	優先権利者の住所、氏名				
		その権利の種類及び優先する範囲（金額）				
6	他の差押（滞納処分又はその例による差押えを含む。）仮差押仮処分	執行裁判所等 事件番号	債権者の住所・氏名	差押等の送達年月日	差押等の執行された範囲（金額）	
				令和		

（注）
(1)　1の欄で「ある」と陳述したときだけ2以下の欄を記入してください。
(2)　2については、現存債権について記入するもので、命令正本記載の債権をそのまま記入するものではありません。
(3)　5及び6の欄には、すでに取下げ又は取消しのあったものについては記入する必要はありません。

7．訴訟への対応

（1）訴訟手続きの流れ

　訴訟は、債権回収の最終手段というイメージがありますが、いたずらに債権回収を長引かせるより、訴訟ですっきりした方がよい場合があります。

　また訴訟社会となり、保証否認など金融機関側が訴えられるケースも多くなっています。訴訟の基礎知識を頭に入れておくのは、債権回収にとって大切なことです。

・訴状（原告）の提出

　原告がまず訴えを起こします。

　　　⇩

・答弁書（被告）の提出

　被告は、原告の訴状記載の主張に対して、被告の意見を答弁書として提出します。

　　　⇩

・準備書面（原告・被告）の提出

　当事者双方が各自の主張や反論を文書にして提出します。

　　　⇩

・証拠（原告・被告）の提出

　契約書や念書など事実・法律関係を明らかにできる証拠を提出します。

　　　⇩

・口頭弁論

　裁判官の前で主張や反論を行います。実際の裁判では口頭で言い

合うことはなく、事前に主張を記載した準備書面を提出して、それを陳述するといった形をとります。

　この段階では法廷での裁判時間はほんの数分です。

⇩

・争点の整理

　裁判所がどこに争いがあるか、意見の食い違いはどこにあるかなどをはっきりさせます。

⇩

・証拠調べ（証人尋問）

証拠調べの中心となるのが証人尋問です。

　ここが顧問弁護士の腕の見せ所で、証人とは事前にＱ＆Ａなどを作り十分準備をします。証人尋問が始まる前に証人は宣誓をします。裁判官から嘘をつくと過料を課せられることがあるといわれます。

⇩

・和解勧告

　お互いが歩み寄って解決点が見いだせると訴訟上の和解をします。裁判官が和解を勧めた場合は、真摯に検討します。

　判決を取って強制執行しても時間がかかったり、空振りに終わったりするケースがあるので、和解はよく行われます。和解こそWin-win の関係かもしれません。

⇩

・判　決

　和解が成立しないといよいよ判決となり、裁判所の判断を仰ぎます。

⇩

・控　訴

　判決の言渡しの後、判決書が当事者双方に送達されます。

　送達を受けた日から2週間のうちに、判決が不服であれば控訴できます。地方裁判所が第一審のときは高等裁判所で控訴審が行われます。

　控訴されると判決は確定しませんが、判決に仮執行宣言がつけられている場合は、強制執行が可能となります。

　判決が送達されて2週間が経過すると判決は確定します。確定判決のように法律によって執行力を付与された文書を「債務名義」といいます。これをもって強制執行することが可能となります。

（2）手形訴訟

　手形・小切手については、特別の訴訟手続き〔民事訴訟法350条以下〕が定められています。手形訴訟では、証拠方法は書証に限られ、訴状も定型化されています。口頭弁論が簡単に行われ、2、3ヵ月程度で判決が出ます。

　判決には仮執行宣言がつくのですぐに強制執行に入れます。判決に不服のある場合は、異議申立により、通常の訴訟手続きにより第一審からやり直すことになります。

8．賃料からの回収

（1）担保不動産からの回収

　債権回収で一番多額の回収ができるのが、担保不動産からの回収です。

　最近は担保・保証に必要以上に依存することのない融資が求められて

いますが、現実に倒産という状況となった場合に一番頼りになるのが、担保と保証です。

　担保不動産からの回収には、不動産から生み出す賃料を回収する方法と不動産そのものを換価し回収する方法があります。

　前者には、「物上代位」と「担保不動産収益執行」、後者には「競売」と「任意売却」という方法があります。

（2）物上代位による回収

　不良債権からの回収において、意外と行われていないのが賃料からの回収です。

　物上代位とは、抵当不動産の賃料を差し押さえることです。

　物上代位による賃料差押は、平成元年、判例〔最判平成元.10.27〕において、抵当権者による賃料債権に対する物上代位による差押えが肯定されてから、有効な債権回収の手段として使われています。

　確実に賃料が入ってくる収益物件の場合、競売や任意売却と並行しながら、物上代位によって賃料を確実に債権回収にあてることができます。物上代位にあたっては不動産賃貸借契約書が必要となります。

　また、債権回収にあたっては、債権者（金融機関）が自ら集金しなければなりません。

（3）担保不動産収益執行による回収

　担保不動産収益執行制度は、不動産担保権に基づいて、裁判所がその不動産を差し押さえて管理人を選任し、その管理人が家賃の回収と不動産の管理を行い、管理にかかる費用や手数料を差し引いて残った収益を債権者に配当するという制度で、平成16年の民事執行法の改正により導入されました。

　物上代位との大きな違いは、物上代位は債権者が自ら賃料を回収しなければなりませんが、担保不動産収益執行は担保の管理人を裁判所が選任して賃料を回収する点にあります。

　したがって、小規模でテナントが少なく、管理のしやすい物件や借主がよくわかった人で、賃料の集金がしやすい物件には、物上代位が適しています。
　一方、アパートなど賃借人が多い物件、建物の管理が面倒な物件、テナントや借主の入れ替わりが激しい物件、不法占有者がいるような物件、賃料不払いがあるような物件は、担保不動産収益執行が適しています。

　申立方法は、競売の申立てとほとんど同じです。
　いずれにしても、債権回収において賃料から回収するという発想を持つことは重要です。また、収益物件の担保不動産の場合は、戦略的債権回収の観点から、任意売却・競売と並行して担保不動産収益執行を申し立てるとよいでしょう。
　収益物件において高額の任意売却先を探したい場合は、並行して担保不動産収益執行制度を申し立てることにより、裁判所の管理による担保物件の価値の毀損を防ぐことができ、さらには賃料からの回収もできます。競売を並行して申し立てれば、たとえ任意売却が成立しなくても、競売落札による回収を見込むことができます。

　担保不動産が裁判所の管理となるとマイナスのイメージと考えがちですが、実は収益執行に関しては、裁判所が建物の現況、入居者の状況などの情報を完璧につかむことになりますので、物件の購入者からすれば安全・確実な物件であるといえます。
　また、収益執行には配当があるので、任意売却先を探す間、もしくは

競売落札までの賃料収益を確実に享受できます。さらに法的申立てによって債務者をあきらめさせ、任意売却にもっていく効果もあります。

９．担保不動産の競売

（１）競売とメリット・デメリット

　競売の以前のイメージといえば、「遅い、安い、危険」でした。しかし現在の競売のイメージは、「早い、高い、安全」です。

　すなわち競売を申し立てて配当を受けるまで６～７ヵ月と早く、インターネット不動産競売物件情報サイト BIT で競売物件が見られるなど競売が一般に認知され、一般人の入札参加者が多くなったことから比較的高く落札され、さらに最近では競売妨害もほとんど見られなくなったことから安全といえます。

　このことから営業店では、期限の利益を喪失した債務者に対して、戦略的に早期の段階で競売を申し立てて債権回収を図るのも、一つの有効な考え方です。

　競売のメリットは、一言でいえば簡単だということです。

　つまり、一度申し立ててしまえば、担保不動産の売却から配当まですべて裁判所がやってくれます。そしてその売却価格は裁判所を通したものなので、誰にも後ろ指を指される心配はありません。

　競売のデメリットは、任意売却と比べて回収金額が少なくなるという点です。一般的に競売市場は、不動産の卸売市場であり、時価の半値くらいの価額（買受可能価額）から入札が可能です。

（２）競売の申立て

　担保不動産の所有者が任意売却に同意しない場合や、いたずらに時間を稼ごうとしているような場合は、競売を申し立てます。

　また、担保不動産の所有権が変更となるおそれがある場合も、第三取得者との交渉が面倒になりますし、抵当権消滅請求をされるおそれもありますから、速やかに競売を申し立てます。

　第三者の占有の可能性がある場合も、任意売却の可能性が低いため、速やかに競売を申し立てます。

　借地上の建物で地代が不払いの場合も、戦略的に競売を申し立てる場合があります。なぜなら、借地契約が賃料不払いで解除され、訴訟を経て建物が取壊しとなったら、回収不能となるおそれがあるからです。

　競売であれば、建物所有者に代わって、債権者がその地代を裁判所の許可を受けて代わりに払った場合、共益費用と認められます。

　しかしこの場合は、よほど建物に価値があるケースに限られます。

　時効の更新をする必要があるときも競売を申し立てます。先順位者（他の債権者）による競売に債権届を出しても、時効は更新されないため、自ら申し立てなければなりません。
この場合、申し立てた競売を取り下げると、時効更新の効力は失われるので注意が必要です。

（３）競売の流れ

・担保不動産競売の申立て
　債権者が競売を申し立てます。
　　　⇩
・競売開始決定

裁判所は開始決定を出し差押えの登記をします。

⇩

・公告・債権届出

開始決定の旨が公告され、債権届の催告がなされます。

⇩

・現況調査・評価

　執行官が現況調査をし、評価人（不動産鑑定士）が評価書を作成します。評価書は謄写できるので、今後の任意売却の価格の参考になります。

⇩

・買受可能価額の決定

　売却基準価額と買受可能価額が決定されます。買受可能価額（入札できる価格）は、売却基準価額（昔の最低売却価格）の80％の水準です。

⇩

・物件明細書等の閲覧

　３点セットといわれる「物件明細書」「現況調査報告書」「評価書」が閲覧できます。

　物件明細書は、競売物件に関する裁判所の法的問題に関する考えをまとめたものです。

　現況調査報告書は、裁判所の執行官が競売物件について占有状況などを調査したものをまとめたものです。

　評価書には、評価人が競売物件の価格を評価した結果が記されています。これらは現在ではインターネットでも閲覧できます。

⇩

・入札期間

　入札価格は買受可能価額以上です。いったん入札するとその後に

訂正や取消しはできません。入札するときは通常、売却基準価額の20%の保証の提供が必要となります。保証金は落札できなかった場合は後で戻ってきます。

⇩

・入札

裁判所で入札用紙をもらいます。保証金を納付し、入札期間内に入札書を提出します。

⇩

・開札期日

入札した人のうち最も高い価格をつけた人が最高価買受申出人となります。

⇩

・売却許可の決定

最高価買受申出人が買受人と決定されます。

⇩

・代金納付期限の通知

通常は売却許可決定確定の日から約40日以内の日が指定されます。

⇩

・代金納付

銀行振込、現金持参、日銀納付により代金を納付します。

⇩

・登記

代金納付により、不動産の所有権は買受人に移り、所有権移転登記が行われます。抵当権などの権利等の登記は原則職権ですべて抹消されます。入札者による登記の手続きは不要です。

⇩

・配当の実施

　債権者への競売配当が実施されます。

⇩

・不動産の引渡し

　占有者から不動産の引渡しが受けられない場合、裁判所に対して、その引渡しを命じる裁判を求めることができます。

⇩

・引渡命令

　競売で取得した不動産に住む人が、権利がないのにもかかわらず立ち退きをしない場合は、引渡命令の制度を利用して、法的に立ち退いてもらいます。

（4）競売の取下げ

　競売の取下げは、買受の申し出（代金納付）までは可能です。

　売却決定前であれば自由に取り下げられますが、買受申出人決定後は入札者の同意を取り付けなければ取り下げられません。

　金融機関の考え方としては、入札期間に入ると入札参加者という新たな利害関係人が増えることとなり、トラブルのおそれがあるため、期間入札前の取下げが望ましいと考えます。

　しかし入札期間に入ると、物件所有者も何とかして買い戻したり、引き続き賃借できる買受人に任意売却を希望するケースも多くなります。したがって、実務では法的に自由に取り下げられる、買受申出人決定前のギリギリのところで任意売却がまとまるケースも出てきます。

　競売の取下げのほとんどのケースが、任意売却の成立によるものとい

われています。

（5）債務者死亡と競売申立て

　債務者が死亡すると相続が発生し、相続人に債権債務が包括承継されます。ところが、競売となる債務者の相続人は、相続登記に協力してもらえないケースが多いものです。

　その場合、債権者代位権でもって、法定相続分に従い相続がなされたものとして競売を申し立て、その競売開始決定を登記原因として相続登記を相続人に代位して行うことにより競売手続きができます。

（6）相続放棄と競売申立て

　相続人がすべて相続放棄した場合は、金融機関は利害関係人として相続財産管理人の選任を家庭裁判所に申し立て、選任された相続財産管理人を債務者として競売を申し立てることができます。

（7）法人代表者不在の場合の競売申立て

　法人の代表者が死亡して、その後後任の代表者が選任されない場合は、裁判所が特別代理人（利害関係のない弁護士）を選任して、その特別代理人を代表者として競売を申し立てるという競売実務が行われています。

（8）一括競売

　土地に（根）抵当権を設定した後に、当該土地上に建物が建築されたときは、土地についてしか（根）抵当権が設定されていなくても、土地と建物を一括して競売できます。

　ただし当然ではありますが、一括競売を申し立てたとしても、回収できるのは競売代金のうち土地代だけです。

建物の所有者は、土地所有者であってもそれ以外のものであってもかまいません。

　（根）抵当権設定当時に建物がすでに存在していると、一括競売はできません。その場合、土地だけの競売はできますが、土地と建物が同一所有者の場合は、法定地上権が成立し、土地の価格は大きく減価されることになります。

　建物所有者が第三者の場合でも、土地利用権、賃借権、地上権などの負担付き土地となるので、土地の価格は大きく減価されることになります。

（9）競売不動産売却継続の同意書

　第2順位以降の担保権者が競売を実行した場合、地価の下落傾向を受けて無剰余となり、競売の継続ができないケースが出てきます。その場合は、剰余のある先順位担保権者から同意書を取り受けられれば、その競売事件は続行することができます。

（10）競売の説明責任

　担保権の実行は、債務者区分でいうと実質破綻先・破綻先の期限の利益を喪失した債務者の担保について行われるので、債務者・担保提供者には説明責任は不要と考えがちです。

　しかしたとえば、実質破綻先でありながら細々と営業を続けている債務者がいたとします。その営業に必要な担保不動産を債権者の権利だからといって、すぐさま競売にかけてしまってよいのでしょうか。

　このような場合は、債務者に対する配慮として、事前に何らかの説明（競売に至った経緯の確認、買戻しの可能性や時間的猶予を与えるなど）をしておいた方が賢明だと考えます。

（11）抵当権消滅請求と競売

　平成15年の民法改正により滌除の制度が抵当権消滅請求として改められました。

　この法改正により、抵当権消滅請求を受けた担保権者は、抵当権消滅請求金額に納得がいかない場合は2ヵ月以内に競売を申し立て、これに対抗できるようになりました。

　抵当権消滅請求とは、不動産の所有権を取得した第三者が、抵当権者に対して、相応の金額を払いそれを抵当権の順位に従って弁済することで担保権を消滅させる制度です。それを受けた金融機関は、まず抵当権消滅請求書の不備がないかを確認します。

　具体的には、新しい不動産の所有者が抵当権消滅請求を行使できる第三者に該当するか、不動産登記簿謄本の原本を送ってきているかなどです。

　次に、抵当権消滅請求における提示金額が妥当かどうかの判断をします。もし、それが金融機関の評価を大きく下回る場合は、2ヵ月以内に競売を申し立てて対抗します。

　判断に迷う金額の場合は、不動産業者の評価や不動産鑑定士の意見を参考にして、抵当権消滅請求を受けるか競売とするかを判断します。

10. 担保不動産の任意売却

（1）任意売却とは

　任意売却とは、債務者が任意に担保不動産を売却し、その売却代金で債務を返済し、抵当権など付着する権利関係の解除をする一連の手続きのことをいいます。

任意売却のメリットは、早期に多額の回収ができる点にあります。

不動産価格の長期下落傾向のなか、いち早く担保不動産の任意売却を推進することが、勤務する金融機関の利益（将来の損を少なくするという利益）につながります。

金融検査の際に、担保不動産の評価が妥当であるかの検査があり、任意売却と競売ではどのくらい回収率に差が出るのか、データを取ったことがあります。

＜一般不動産の任意売却＞

任意売却サンプル数	約400件	処分価格平均	金融機関時価評価の91%
競売サンプル数	約 70件	処分価格平均	金融機関時価評価の63%
バルクサンプル数	約 80件	処分価格平均	金融機関時価評価の37%

＜住宅ローンの任意売却＞

任意売却サンプル数	52件	処分価格平均	金融機関時価評価の103%
競売サンプル数	18件	処分価格平均	金融機関時価評価の70%

この結果からも、任意売却における回収金額の優位性は一目瞭然でしょう。

任意売却を行うためには、担保不動産所有者の売却意思と協力、それに担保不動産に付着する権利関係者全員の同意が必要です。

任意売却は一般の不動産売買と異なり、担保不動産に付着するすべての（根）抵当権者（金融機関・保証協会・サービサー・商社・街金など）、

差押権者（金融機関などの仮差押・税金の差押え（国税・地方税・県税・市町村税・社会保険までさまざま））などの合意を取りつけなければなりません。

このように手間ひまはかかるものの、回収の極大化を図ることができます。

また、任意売却の実務でのポイントは、価格・諸費用・配当の妥当性を検討することです。そのなかでは、破産財団組入金の考え方や破産管財人との交渉方法、担保解除料・判付料の相場観、差押債権者との交渉方法、税金の滞納処分による差押えをどのように抹消するか、担保権消滅許可制度などの法律知識、どんな不動産売買契約書を作ったらよいかなど、多くの専門的な知識が必要となります。

（２）任意売却の条件と留意点

①担保不動産所有者の売却意思と協力

担保不動産を売却するのはあくまでも物件の所有者です。したがって、売却意思の確認と協力は欠かせません。

②担保不動産に付着する権利関係者全員の同意

任意売却は一般の不動産売買と異なり、担保不動産に付着するすべての(根)抵当権者(金融機関・保証協会・サービサー・商社・街金など)、差押権者（金融機関などの仮差押・税金の差押え（税・地方税・県税・市町村税・社会保険までさまざま)) などの合意を取り付けなければなりません。

③処分価格の妥当性

金融機関の担保評価以上の回収（競売想定価格・時価の60％程度）がないと任意売却は困難です。その価格を割り込んで任意売却を行う場合は、稟議承認のため不動産鑑定士など専門家の意見が必要となります。

　そこで、調査書・簡易鑑定・不動産鑑定書を取るケースがあります。

　破産事件では、裁判所の売却許可が必要ですから、2社程度の不動産業者の評価、金融機関の担保台帳、不動産鑑定書・調査書、固定資産評価書などが必要となるケースがあります。

④債権回収に対するスタンスの取り方

　金融機関の基本スタンスは「提示された金額で担保を解除できるかを判断する」というものです。

　あまり熱心に任意売却を進めることで、コンプライアンス違反（情報の過剰流出・不動産業者に対する価格の吊り上げなど）をしないように注意しましょう。

⑤保証人の承諾

　連帯保証人や物上保証人がいる場合には、法定代位権者の担保保存義務（民法504条）について注意が必要です。

　金融機関は取引約定書などで担保保存義務免除の特約をしていますが、後日のトラブルを避けるために同意書などを取り受けておいた方が無難です。

　しかし同意書が取れないからといって、債権回収の機会を逃してはいけません。同意書がなくとも、処分価格の妥当性が確保されていれば任意売却を進めても問題はありません **(資料15)**。

⑥担保不動産のコンプライアンスチェック

　担保不動産の任意売却を進めていると、担保不動産への第三者介入、

資料15　任意売却に関する同意書

任意売却に関する同意書

○○信用組合　御中

令和 ○ 年 ○ 月 ○ 日

住　所　　○○県○○市○○町○丁目○番○号

氏　名　　**近代　一郎**　　（実印）

（携帯）電話番号　　○○○（○○○）○○○○

住　所

氏　名　　　　　　　　　　　　　　　（実印）

（携帯）電話番号　　　（　　　）

　私（当社）は、貴組合に対する債務に係る担保物件を売却することとし、売却代金を貴組合への支払いに充てることを申し出ます。したがって、貴組合が当該債務に係る担保物件を任意売却することについて同意します。

　売却代金によって残債務を完済できないことも考えられますが、破産申立を行わない場合にあっては、残った残債務について貴組合と協議し弁済させていただきます。

　また、私（当社）は、貴組合に対し、私（当社）が保有する下記資産（不動産または什器設備等）の売買または賃貸等のため、当該資産の情報および売買または賃貸等のために必要な私（当社）に関する情報（個人情報・企業情報を含む）を、貴組合が適当と考える業者等に提供し、または貴組合と当該業者等との間で利用することについて同意します。

記

＜資産明細＞

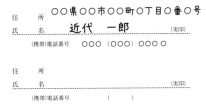

```
○○県○○市○○町○丁目○番○　宅地　216.50㎡

　同上　　家屋番号○○番○　　居宅　1階　126.36㎡
　　　　　　　　　　　　　　　　　　　2階　 89.21㎡
```

※ 記載例（対象の資産が特定できるようご記入ください。）

　不動産の場合：「所在　○○市○○町○○番地の土地（家屋番号　○○番の建物）」など

　工場内の設備の場合：「所在　○○市○○町○○番地　家屋番号　○○番の工場内の什器一式」など

　　　　　　　　　また、施設内の什器を対象とする場合、必要に応じて写真も添付してください。

以上

【信用組合使用欄】

＜融資部使用欄＞

検印	係印	受付日

＜営業店使用欄＞

顧客番号	

店長	係印	受付日

関係者（仲介業者、売主、買主）に対する反社チェックの問題が出てきます。

　任意売却を推進するうえでは、近年、この視点は欠かせません。

　法務省の法制審議会・民事執行法部会は、2018年8月31日に「民事執行法制の見直しに関する要綱案」を決定しました。そのなかに不動産競売における暴力団員の買受け防止の方策が含まれています。

　その視点も踏まえ、任意売却を進める際の関係者（仲介業者、売主、買主）に対する反社チェックについて考えます。

　仲介業者が反社会的勢力である場合は、利益供与に該当する可能性が高く、任意売却に応じるべきではありません。

　民事執行法部会の議論では、暴力団員の法人に対する関与の態様・程度を識別する一つの視点として、①法人の代表者や役員に着目する基準、②出資や貸付等に基づく実質的支配の有無・程度に着目する基準を考えています。

　役員に着目する考え方に対しては、役員に1人でも暴力団員が含まれていれば、暴力団がその法人を利用し得るため、排除の対象とするべきであるとの指摘をしています。

　その考え方を踏襲するなら、金融機関は任意売却にあたって仲介業者の商業登記簿謄本（登記事項証明書）を取り、その役員のなかに1人でも反社会的勢力が含まれるとしたら、任意売却に応じてはいけません。

　売主が反社会的勢力である場合は、オーバーローンの場合、売却代金が売主に流れないので利益供与にあたらないと考えられるケースはあるかもしれません。

　しかし、任意売却にかかる控除費用から資金が流れる可能性があること、反社会的勢力である売主が、仲介業者や買主と何らかの関係がある場合は、不透明な取引になる可能性も否定できないことから、任意売却に応じないほうが無難でしょう。

　この場合は、その事案ごとに個々の事情があると考えられるため、顧問弁護士に相談しながら慎重に対処すべきです。

　買主が反社会的勢力である場合は、反社会的勢力が物件を取得する取引に力を貸すことは利益供与の一形態と考えられるため、任意売却を進めることは止めるべきです。

　各金融機関は独自の反社情報を持っていますが、関係者が反社と認定される場合には、一切任意売却に応じないという考え方も合理的です。このように、反社会的勢力が少しでも絡む場合は任意売却をあきらめ、競売で対応するしかありません。

（３）任意売却の流れ

①債務者の延滞・倒産

　債務者の延滞・倒産などをきっかけとして担保不動産の任意売却が始まります。一般企業・個人事業主であれば、融資金が３回延滞したら期限の利益の喪失を検討します。

　住宅ローンにおいては、６回の延滞で期限の利益の喪失を検討し、保証会社付きの場合は、代位弁済の請求を行います。

　債務者の延滞・倒産などをきっかけとして担保不動産の任意売却が始まりますが、最近では、企業の事業再生の一環での不稼動資産の任意売却も多くなっています。

②担保不動産所有者の同意

任意売却にあたっては、担保不動産の処分権限者の処分意思と協力が絶対条件となります。金融機関は任意売却を進めるために、担保物件の所有者と直接面談交渉が必要となります。

　一般的に金融機関と債務者・担保提供者は敵対関係となるため、その間に第三者（弁護士・司法書士・行政書士・不動産業者など）が入ってもらえれば、任意売却をスムーズに行うことができます。

　実務では、ここで任意売却の経験豊富な不動産業者を仲介に入れるとスムーズに進むことがあります。

③担保不動産の再調査・再評価

　任意売却を進める場合、金融機関の債権管理担当者は、任意売却の対象となる担保不動産の地図・公図・不動産登記簿謄本（登記事項証明書）を揃え、必ず自分の目で現地調査をします。

　具体的には、最新の不動産登記簿謄本により権利関係者を確認し、現地調査により担保不動産の使用状況、占有状況などを確認します。

　また物件の評価にあたっては、その地域性や用途、公法上の規制、権利関係など個別性をよく見たうえで、継続使用する評価と早期に処分できる評価の両方を出します。

④購入希望者探し

　任意売却はどうしても限られた不動産仲介業者に購入希望者を探してもらうことになりがちです。

　したがって、信用できる不動産業者といかに組むことができるかが任意売却の成功の鍵ともいえます。金融機関としては、少しでも高く売却できるよう多くの協力してもらえる信用ある不動産業者とタッグを組みたいものです。

　一般居宅の場合は、専任媒介契約で任意売却を進めるケースもありま

す。また多くの付着する権利を解きほぐさなければならないので、法的
知識の豊富な不動産業者に専任で任せたほうがスムーズに進む場合が多
いのも事実です。

⑤買付証明書の取受け

購入意思を確認するために、購入希望者から買付証明書を取り受けま
す。しかし買付証明書には法的な拘束力がないため、何の理由もなく取
り下げしてくる不動産業者もいます。

そうした不動産業者とは、以後つき合わないほうが懸命です。

⑥配分案の作成

任意売却の担保不動産はオーバーローンとなっており、売買価格を上
回る担保権の設定や税金等滞納処分による差押えがあるのが普通です。

したがって、配当の回らない後順位債権者や差押え債権者に解除料と
していくら配分するか、全体的に合理的であり、すべての利害関係人が
納得できる配分案を作成する必要があります。

こうした配分案は不動産業者が作成することもありますが、すべてを
任せることなく、金融機関の目で必ずチェックすることが必要です。

⑦利害関係人の調整

多くの利害関係人と解除料の交渉など、任意売却成立に向けて調整を
行います。利害関係が相反するためスムーズに進むことは少ないですが、
粘り強く交渉することが重要です。

⑧最終合意・契約・任意売却の終了

任意売却では、決済日当日に新たな権利が付着することもあります。
事前に不動産業者・司法書士・破産管財人などの関係者との十分な打

合せが必要となります。

　決済は購入者が融資を受ける金融機関で行う場合が一般的です。決済日の段取りは、ア．司法書士による解除証の確認、イ．売買契約書調印、ウ．売買契約書に基づき買受人が担保物件所有者に代金を支払う、エ．担保不動産所有者が銀行等担保権者等に対し、配分案に応じた弁済を行う、オ．担保権者等は領収書を担保不動産所有者に渡し、担保権等を抹消するための解除証等を交付するという順序で行われます。

⑨任意売却後の債務者

　任意売却が終了して残債権が残る場合、当然に残債務はなくなりません。金融機関側の処理の仕方としては、回収交渉(分割弁済、訴訟、給料差押え)を行う、直接償却を行う、バルクセールで処理をするなどの対応をとります。

(4) 任意売却の基本事例

　担保不動産任意売却価格〔A〕　　　土地・建物　1億円

　　　　　　　　　　　　　　　〔競売想定価格6,000万円〕

<担保権設定状況>

第1順位	A銀行	根抵当権4,000万円
第2順位	B銀行	根抵当権3,000万円
第3順位	C銀行	根抵当権4,000万円
第4順位	D銀行	根抵当権2,000万円
第5順位	E商事	根抵当権1,000万円
	F銀行	仮差押(債権額1,000万円)滞納税金の差押えあり

　任意売却に係る諸費用〔B〕　　　1,203万6,000円

　配当可能金額〔A〕－〔B〕＝　　8,796万4,000円

　このような基本事例における任意売却のポイントは、価格・諸費用・配当の妥当性を検討することです。

　①価格の妥当性について

　任意売却ですから、担保不動産の売買価格は関係者全員が納得すれば進みます。しかし、配当の回らない担保権設定者に納得してもらったり、破産管財人の物件処分で裁判所の許可を取る必要があるなど、任意売却では売買価格の妥当性を検証する必要があります。

　また、少なくとも競売想定価格や担保権者の希望する価格を上回らないと任意売却の成立が見込めません。

　各金融機関では担保の評価をしているので、比較的簡単に売却価格の検証をすることができます。

　担保不動産評価においては、通常の不動産価格（時価）とともに、競売になるケースや不良債権となって早期に処分せざるをえない場合の価格である担保処分価格（担価・求償実価）が設定してあるからです。

　任意売却で目安となる価格は、通常の不動産価格と担保処分価格の中間に位置します。

　任意売却においては、その売却価格を客観的に判断するために、担保不動産について不動産鑑定士による鑑定書・調査書を取ることがあります。その場合、正式な不動産鑑定は少なく、簡易の鑑定評価もしくは調査書による参考価格で済ませることも多くあります。

　そうした鑑定評価については、正常価格だけでなく競売になった場合や、早期に処分する場合の特定価格なども出してもらいます。

　担保不動産の所有者が破産管財人の場合、裁判所の許可を取れる価格

かどうかが目安となりますが、裁判所の許可は複数の不動産業者の物件評価書などで、ほとんど取ることができます。

②諸費用の妥当性について

任意売却においては、経験とか相場といった暗黙知のことが多くあります。基本事例において任意売却に係る諸費用〔B〕は、1,203万6,000円と売却代金の1割を超えています。

筆者の過去の経験から、諸費用が1割を超える任意売却は、気持ちのいいものではありません。なぜなら、通常では認めがたい諸費用が含まれていることがあるからです。

基本事例においては、建物取壊費用に注意しなければなりません。

＜諸費用の内訳＞

ア．破産財団組入金	500万円	〔5％〕
イ．不動産仲介手数料	336万6,000円	〔（3％＋6万円)×110％〕
ウ．司法書士手数料（抹消費用）	10万円	
エ．建物取壊費用	300万円	
オ．引越費用	20万円	
カ．不動産調査費用	11万円	
キ．契約書印紙代	6万円	
ク．残物撤去費用	20万円	
費用合計	1,203万6,000円	〔B〕

基本事例の任意売却においては、その他の費用を含めて全部で9種類の諸費用がかかっています。以下、その費用として認められる考え方などを述べていきます。

ア．破産財団組入金　500万円〔5％〕

通常の任意売却において、破産管財人は売却代金の10％を破産財団へ組み入れて欲しいといってきます。理由を聞くと裁判所の指導といいますが、それがスタンダードという訳ではありません。

実務では破産管財人弁護士によって、また任意売却への関与度合によってその破産財団組入金の額はさまざまです。金融機関や債権者主導で行った任意売却であれば、破産財団組入金については売却代金の3％から5％程度が目安となります。

住宅金融支援機構の任意売却マニュアルでは売却価格の4％以下の額としていますが、実際の運用では、基本3％で交渉、例外として5％もありえるとしています。

基本的には破産管財人と真摯に交渉して、お互いの立場をよく理解しながら、円満な話し合いによる解決を図るように努力することで決着が可能ですが、最近の一般的な目安としては5％でしょう。

イ．不動産仲介手数料

宅地建物取引業者が受け取ることのできる報酬額は、国土交通省の規定で定められています。一般的になじんでいる売買の媒介に関する報酬額の速算式（売買価格が400万円を超える取引の場合）は、約定報酬額＝（成約本体価格×3％＋6万円）×110％です。

これはあくまでも担保物件の所有者側から受け取ることのできる最高額で、その関与度合いにより個別に報酬額は交渉することは可能です。破産管財人の主導する任意売却では、売主側（破産管財人側）の不動産仲介手数料は支払わないケースがありますので、注意が必要です。

ウ．司法書士手数料（抹消費用）

　任意売却で一般的に認められる担保抹消に係る抹消登記費用は、担保抹消に係る登録免許税と司法書士の報酬です。担保抹消費用は、一般的に売主側の費用負担となります。

エ．建物取壊費用

　建物が古い場合など、建物を取り壊して更地にした方が高く売却できるケースや、購入希望者が更地であれば買うというケースがよくあります。その場合、売主には建物取壊費用を負担する能力がないため、費用を売却代金から控除して任意売却を成立させることがあります。

　本件の任意売却では、建物取壊費用が多額のため、任意売却を成立させるために真に必要なものか、取り壊さざるをえない建物なのかについて検証しなければなりません。

　建物の取り壊し、解体、産廃の処分費用は、業者によって金額が大きく異なる場合があるので、できる限り複数の解体業者から見積りを取って、控除する費用を少なくするようにします。

オ．引越費用

　引越費用は、担保権者は費用として認めたがりませんが、所有者に任意売却を納得させスムーズに進めるための費用として認めるケースが多いでしょう。相場としては、30万円以下の額となります。

　筆者は、任意処分をスムーズに成立させるために、10～30万円といった常識的な範囲内の額であれば認めるケースがあってもよいと思います。引越費用を拠出することで、早期に相応な回収が図れるなら経済合理性もあります。

カ．不動産調査費用

破産管財人が裁判所の許可を取るためや売却価格の妥当性を検証するために、専門的な見地を求める必要が出てくる場合があります。

担保物件が何十億円もするような物件であれば、正式な不動産鑑定書が必要な場合がありますが、一般的な中小の任意売却物件では簡易の鑑定や調査書の評価で十分です。

キ．契約書印紙代

住宅金融支援機構における任意売却では、売買契約書の印紙代は費用の項目に入っていません。しかし、一般の任意売却は費用も多額ではないため、売り主側の契約書に貼付する印紙代を費用として控除しても構わないでしょう。

ク．残物撤去費用

任意売却では、処分する担保物件内に粗大ゴミなどが散乱しているケースがよくあります。そうした残存物の撤去費用も程度によりますが、やむを得ない場合は、10万円から30万円を目安に費用として拠出する場合もあります。

住宅金融支援機構の任意売却マニュアルでは、控除できる費用として「リフォームおよびハウスクリーニング費用」があり、50万円以下の額を控除できるとしています。

ただし、運用では破産パンチ・破産キック（＝任意売却となる物件は家庭が荒れていることが多いため、壁などがパンチなどで穴があいていることがある）など、あまりにひどい場合に限るようです。

ケ．その他の主な費用に対する考え方
・測量費用

測量費用は購入希望者の条件としてよく出るため、購入希望者が負担して欲しいところです。筆者は、任意売却は基本的に公簿売買が多いので、買主が測量を希望する場合は買主負担が原則と考えています。しかし、円滑な取引遂行上測量が必要であれば、それを費用としてもやむを得ないのかもしれません。

　住宅金融支援機構のマニュアルには意外にも控除できる費用として「敷地の測量に要する費用」が入っており、境界確定に伴う測量費全額を控除できるとしています。

・立退料

　立退料に関しては、コンプライアンスの観点から、金融機関が関わる任意売却では拠出してはいけません。

・土壌汚染調査費用

　土壌汚染対策法が施行されてから、任意売却における担保不動産の購入希望者にも土壌汚染の調査を希望する人が増えてきました。土壌汚染調査費用は専門の業者に頼らざるをえず、思いのほか多額になります。

　したがって、土壌汚染調査が本当に必要なのか、それがないと任意売却ができないのかなど、よく検討する必要があります。

　費用拠出にあたっては、複数の業者の見積書を添付させるなどしたほうがよいでしょう。

・保証金、敷金返戻

　賃貸物件の任意売却では、担保物件所有者に保証金・敷金の返還資力がありませんから、物件買受人はそれを引き継いで将来返還義務のある保証金・敷金は売却代金から差し引くのが実務となっています。

③配当の妥当性

基本事例では、担保権者等への配当可能金額〔A〕－〔B〕は8,796万4,000円となっています。

配当方法は、利害関係人の権利の強弱を踏まえ、全員の理解を得られる合理的かつ公平感があることが必要です。

利害関係人すべてが納得できるものであることが望ましく、回収金額の多さだけでなく、いかに公平感・公正感のある配当にするかです。

また配当は、当然のことながら、担保権の順番およびその額を考慮して行うのが原則です。任意売却でも基本は競売の配当に準じて、（根）抵当権の順位および額による配当となります。

競売と異なるのは、配当が回らない担保権者等に解除料（はんこ代）を支払わなければ任意売却が成立しないところです。

以下に基本事例における配当案を記載します。

本事例では、根抵当権極度額まで債権があると仮定してください。

配当可能金額　〔A〕－〔B〕＝　8,796万4,000円

＜担保権設定状況＞			＜配当案＞
第１順位	A銀行	根抵当権4,000万円	4,000万円
第２順位	B銀行	根抵当権3,000万円	3,000万円
第３順位	C銀行	根抵当権4,000万円	1,566万4,000円
第４順位	D銀行	根抵当権2,000万円	100万円〔解除料〕
第５順位	E商事	根抵当権1,000万円	100万円〔解除料〕
	F銀行	仮差押	20万円〔解除料〕
	税金	差押え	10万円〔解除料〕

計　8,796万4,000円

第1順位のA銀行と第2順位のB銀行は、根抵当権設定額が配当可能金額の範囲内にあるので、各々満額の配当となります。

　第3順位のC銀行は、配当の受けられる最後の〔劣後の〕抵当権者になります。

　競売を想定すれば、競売想定価格が6,000万円なので、C銀行は配当がない可能性が高い地位にあります。

　したがって、本件任意売却によって最も利益を受けるのがC銀行ですから、D銀行以下の劣後の抵当権者、仮差押権者、税金滞納の差押への解除料は、C銀行の配当分から拠出するのが合理的だと考えます。

　担保解除料は任意売却の案件ごとに個別に発生し、担保物件に係る個別事情により大きく変動するため、相場はあってないようなものですが、おおよその目安はあります。

　1億円の売買価格の任意売却では、配当の回らない担保権者の解除料として100万円、5,000万円程度の任意売却であれば50万円とするなど、売買価格の1％程度とされています。

　では、5億円の売買なら500万円かといえば、そうではありません。解除料はMAX100万円と考えるケースもあるのです。

　一般の金融機関、信用保証協会（信用保証協会については、担保の保証条件により条件担保50万円、条件外担保30万円などと差をつける）、政府系金融機関、サービサー、貸金業者などの根抵当権者は10万円から100万円が解除料の目安となります。

　一方、住宅金融支援機構の任意売却においては、担保権解除料（＝ハンコ代）の基準が別途あります。

　住宅金融支援機構が担保をつけている不動産は一般的には居宅で、基本的に第一順位の抵当権をつけています。そのため、機構独自に任意売却をする場合の後順位の（根）抵当権者への解除料の目安を定めています。

　その基準は、「後順位抵当権者に対する抹消承諾料は、上限30万円、かつ、後順位抵当権者等の各々の債権額の原則として１割を超えない額」とされています。

　実際の運用では、第２順位…30万円または残元金の１割のいずれか低い額、第３順位…20万円または残元金の１割のいずれか低い額、第４順位以下は10万円または残元金の１割のいずれか低い額としています。

　このように、住宅金融支援機構の任意売却では、担保権の順位を解除料に反映させているのが一つの特徴です。

　Ｄ銀行は配当が回らないため、当然解除料の世界となります。

　ここでは１億円の任意売却ですから、配当の回らない担保権者の解除料として100万円が相場と考えて配当案を作っています。

　Ｅ商事も、Ｄ銀行と同様に配当が回らず１億円の任意売却ですから、解除料として100万円が相場と考え配当案を作っています。

　担保権の順位を反映させて、50万円にするという配当案でも合理的といえますが、一方で、配当の回らない担保権は同列という考え方もあります。

　担保不動産の任意売却で一番頭を悩ますのが、Ｅ商事（法外な解除料を要求する可能性がある）、Ｆ銀行（仮差押えの解除料をどう考えるか）のような配当のない利害関係人への解除料です。

金融機関同士における担保の解除料は、ある意味お互い様なので、誠意を持って対応すればわかり合えます。

　貸金業者についても、競売となると配当がないことはわかっているし、１円も回収できないよりは、いくらかでも回収できたほうがよいので、誠意を持って真摯に対応すればわかり合えます。

　貸金業者がよく設定している仮登記の場合は、設定費用がそれほどかかっていないので（登録免許税一筆1,000円）、解除料については理解してもらえます。

　そして、Ｆ銀行の仮差押権者への解除料の目安は、10万円から30万円です。仮差押えは担保権よりも権利が弱く、申立費用もそれほどかかりませんから、低く押さえてもらいます。

　また、仮登記の場合も前述のように登録免許税が不動産一筆につき1,000円と低廉であり、費用もあまりかかっていないので、解除料は低く押さえるよう交渉します。

　仮差押えは、保証金を積まなければ認められませんが、それも事件が終われば戻ってきます。そこで基本事例では、Ｆ銀行の仮差押は抵当権より弱い権利と考えて20万円の配当としました。

④滞納処分による差押え

　担保権に優先しない滞納処分による差押えの目安は、ゼロから30万円です。国税など役所によっては、無益な差押えということを理解してもらい解除料なしで差押えの抹消をしてもらえるところもあります。

　しかし地方の大抵の役所では、税金は特別だから解除料程度では抹消しないといわれます。

　任意売却のケースでは、税金の差押えは、ほとんどが無益な差押えで、本来なら差押えをしてはならないものです。

　したがって、基本事例では税金の差押え解除は10万円としました。

　国税徴収法48条２項は、無剰余に対する差押えを禁止しています。

　同法79条１項２号は、差押えにかかる物件が無剰余の見込みとなった場合には、その差押えは解除しなければならないと処分庁の義務を定めています。

　理解の得られない役所の滞納処分による差押え等に対しては、国税徴収法79条１項２号「無益な差押えの解除」の条文を示して、差押えまで配当がいかないことを担保評価、鑑定評価、登記簿謄本、債権残高などを添付して差押解除申立書を作成し、所轄租税官庁と交渉をするのが基本です。

　ア．滞納処分による差押え解除交渉のポイント

　差押まで配当が回らないことを、担保評価書・鑑定評価書などの客観的資料により説明します。

　競売となり結果１円も税金が回収できないよりも、解除料で少しでも徴収できた方が経済的合理性があることを伝えます。

　場合によっては、無益な差押えによる差押えが解除できなかったことで任意売却が流れた場合、その損害の賠償の責任の所在はどこに生じるかを考えてもらいます。

　固定資産税滞納の場合は、現在は長期にわたり固定資産税が入ってこない状況ですが、任意売却に協力することによって、次の所有者から固定資産税をすぐに徴収できるメリットを伝えます。

　地方の役所などでは時々、税金は全額払ってもらわないと解除できないと強硬に主張されることがあります。しかし、国税徴収法が地方税に

も適用されることを説明すれば、多くの場合、納得してもらえます。

　それでも納得してもらえない場合は、無益な差押えによる差押え解除ができなかったことで任意売却が流れた場合、その損害賠償の責任が生じることを伝えます。

　本件差押が解除されない場合には、現在試みている任意売却は頓挫せざるを得なくなり、結果として、やむを得ず競売によって売却することになります。

　競売となると任意売却による価格より低廉になることが多く、その場合には、任意売却の価格と競売の価格との差が抵当権者や破産財団などが受けた損害となり、場合によっては国家賠償法上の対象となるとさりげなく伝えます。

　それでも理解してもらえない場合は、競売に付すしかありません。

　イ．（根）抵当権と国税等との優先劣後
　（根）抵当権と国税等との優先については、（根）抵当権が国税等の「法定納期限等」以前に設定されていれば、（根）抵当権が国税等に優先します。（根）抵当権の設定日と税金の法定納期限等については、事前によく確認しておく必要があります。

　滞納処分の差押の解除交渉については、相手が役所なので、承諾してもらうまで日数がかかります。任意売却に期限がある場合などは、できるだけ時間に余裕を持って対応することが必要です。
　差押解除の申請は、原則担保物権の所有者が行うことになりますが、金融機関などの担保権者が一緒に行うと有効で、スムーズな解除交渉が可能となります。

　住宅金融支援機構の任意売却マニュアルでは、公租公課（差押登記がある場合のみ）は、優先税（優先税の延滞税を含む）全額、優先税以外は30万円以下の額となっています。

　実際の運用においては、10万円または固定資産税・都市計画税１年分のいずれか低い額となっており、公租公課の差押えについては、これがスタンダードとなるべきだと考えます。

（5）担保権消滅許可制度

　担保解除料の考え方に大きな影響を及ぼすのが、破産法の担保権消滅許可制度です。担保権消滅許可制度とは、破産管財人が任意売却を行う際に、裁判所の許可を得て担保不動産に付着するすべての担保権を消滅させることができるものです。

　この制度を利用すれば、不当に高額の担保解除料を請求する担保権者を排除することができます。

　破産管財人に対抗するには、１ヵ月以内の競売申立て、または、売得金（売買代金から経費を控除した額）の５％以上加算した金額での買い受けが必要です。

　破産管財人が主導する任意売却では、この制度があることを前提として、配当の見込まれない担保権者と交渉することによって、常識的な担保解除料により決着させることが可能となります。

（6）売買契約書のチェックポイント

①公簿および現状有姿

　任意売却では、測量を実施して受渡しをするケースもありますが、ほとんどが公簿面積での現状有姿売買です。したがって、売買契約書には登記簿による売買であるということ、現状有姿での取引であるというこ

とを、売主・買主双方にしっかりと理解させ明記する必要があります。

②瑕疵担保責任

　一般の不動産取引では、不動産に雨漏りなどの重大な瑕疵（かし＝欠陥）がある場合に、売主は買主に対し告知や補修の義務があります。

　しかし、担保不動産の任意売却では、売主が破産管財人やその他の場合でも、売主に金銭的余裕がある場合はまれですから、売主がまったく認知していなかった瑕疵が売買後に発覚した場合は、買主に負担してもらうしかありません。

　したがって、売主が破産管財人の場合には、管財人は一切瑕疵担保責任を負わないという契約とするのが合理的です。

　その他の場合でも、売買契約書にその旨を記載し、後日の無用なトラブルを避けるために、事前に買主に対してはっきりその旨を伝えておくことが必要です。

③手付金

　担保不動産の任意売却では、手付金の授受は行わず、一括決済とする場合がほとんどです。まれに、破産管財人によっては売買を確実にするため、手付金の授受を行うことがあります。

　一般的に、任意売却では何が起こるかわかりません。手付金授受の後で行方不明となってしまうケースもあります。

　普通の不動産売買のように、「手付の放棄や手付の倍返し」によって契約を解除する訳にもいかない場合がほとんどですから、最初から手付の授受は行わずに一括決済としたほうが合理的です。

④違約金

担保不動産の任意売却では、契約書に「どんな理由で契約解除となった場合でも、お互い一切何の責任も負わない」旨の特約をつけておいたほうがよいでしょう。

その理由は、担保不動産の任意売却では何が起きるかわからず、履行が不能になるケースが多いからです。

⑤契約解除条項

引渡しと同時ではなく、事前に売買契約を締結する場合は、契約の無条件解約の条項を特約しておきます。それは、裁判所の許可が下りなかったり、どうしても抹消に応じない担保権者がいたりするからです。

何度も述べていますが、担保不動産の任意売却では何が起きるかわからず、履行が不能になるケースが多いからです。

11. ABL 担保からの回収

(1) ABL とは

ABL とは、Asset（企業の保有する資産）、Based（を基にした）、Lending（融資／ファイナンス）の略で、企業の事業価値を構成する在庫（原材料、商品）や機械設備、売掛金等の資産を担保とする融資（経済産業省の定義）をいいます。

ABL は、金融円滑化法の時代に、保証や不動産担保に過度に依存しない取組みとして注目されましたが、その推進の中心が、企業の信用度が低下している要管理先・破綻懸念先だったためデフォルトの確率も高く、思ったほど普及しませんでした。

その要因は在庫を担保に取るという発想を、保全不足を補うといった観点から捉えたことだと考えられます。

現在は、ABL 融資を要管理先・破綻懸念先への融資と考えるのではなく、そのターゲットを新規先・正常先・その他要注意先とするのが一般的です。

　それらのターゲット先に対して、在庫・機械等を担保に取り、その継続的なモニタリングを実施することにより企業とのコミュニケーションが密になる、企業の実態把握・事業性評価が可能になるとの観点から、ABL 融資の推進を図っています。

（2）動産譲渡登記制度

　ABL が広く普及するきっかけとなったのが、平成17年10月に施行された「動産及び債権の譲渡の対抗要件に関する民法の特例等に関する法律」いわゆる「動産譲渡登記制度」の制定です。

　動産譲渡登記制度では、将来発生する売掛債権を一括して担保として取得することができ、集合動産（たとえば、とある倉庫にある商品）についても、一括して担保に取ることができるようになりました。

　そしてその登記においては、将来発生する債権の総額を決める必要がなく、将来発生する債権の種類を記載すればよくなりました。

　したがって、個別の売り先は記載する必要はありません。

　これにより、金融機関は在庫や売掛金、機械設備などの動産を担保に取得することが簡単になりました。

　登記費用も登録免許税7,500円プラス司法書士手数料5〜6万円とそれほど高額ではありませんから、司法書士に気軽に依頼できる状況になっています。

<登記記録例>

動産譲渡担保には、集合動産譲渡担保と個別動産譲渡担保があります。

実際の集合動産（太陽光発電の例）、個別動産（フォークリフトの例）の登記記録例を見ると、動産担保のイメージが湧くと思います。

[種類]	：太陽光発電設備一式
[特質・所在]	：岐阜県高山市一之宮町5264番１、5264番２
[動産区分]	：集合動産
[種類]	：フォークリフト
[特質・所在]	：製造番号：03―8FR10
[動産区分]	：個別動産
[備考]	：保管場所の名称：黒木製材棟、保管場所の所在地
	：岐阜県高山市一之宮町5264番１、5264番２

（3）第三者対抗要件

このように登記は可能となりましたが、在庫や機械設備は善意の第三者に対抗するためには明認（たとえば「この倉庫のなかの商品は、○○銀行の担保である」といった貼り紙や、機械設備等では「この機械設備は、○○銀行の担保である」というシールを貼ること）が必要となります。

在庫・機械設備等ABL融資では、明認を行うと取引先の信用不安になる（在庫まで担保に取られている危険な先なのか…）ことを怖れて、明認を留保する形で担保設定をするケースが多いものと思われます。

（4）登記上の問題点

　ABL融資では、登記上の問題点が3つあります。

①債務者が法人でないと登記ができない

　すなわち、個人事業主には登記のあるABL融資ができません。

　したがって、個人事業者に対してはABLの契約のみを締結し、登記なしでABL融資をすることになります。ただし将来、法改正があり、個人であっても登記ができるようになった場合には、その時点で登記を依頼することになるでしょう。

②登記の存続期間が10年のため登記の管理を行う必要がある

　ただし、太陽光発電ABL融資などの場合は15年返済で実行することがあります。その場合は金銭消費貸借契約書を添付して登記申請を行うことで、その返済期限までの登記が可能となります。

③登記は早いもの勝ち

　したがって、登記をする前に「動産譲渡ファイルに記録されていないことの証明」を取る必要が生じます。登記が早い者勝ちということは、他行庫に先んじてABL融資を推進することで、差別化することができます。

　まだまだABL融資に消極的な金融機関が多いなか、新規先・正常先・その他要注意先に対して積極的にABL融資を推進することは、営業店の融資における大きなビジネスチャンスとなります。

（5）ABLのモニタリング

　ABL融資で最も重要なことは、担保に取った動産等のモニタリングです。

今までは、一度融資をしてしまうと、その後の期中管理は信用不安が起きない限り行われないのが普通でした。しかし ABL 融資では、そのモニタリングを基本的に６ヵ月から１年ごとに一回は行う必要があると考えます（**資料16**）。

なぜなら、モニタリングを継続することにより、お客様の商品の生産状況、在庫の状況、動産の稼働状況、太陽光の発電状況などを把握することで、融資担当者は企業活動そのものである「在庫」⇒「売掛債権」⇒「現預金」の循環を体感することができるからです。

すなわち、企業は原材料を仕入れ、「機械設備」等により加工し、販売を行います。

仕入れた原材料や製造された製品は、販売までの間、「在庫」として保管されます。「在庫」は、販売されると、代金が決済されるまでの間、「売掛債権」となります。

そして代金が入金されれば「売掛債権」が「現預金」へと変わります。企業は取得した「現預金」を使って、新たに原材料等を仕入れ、これが再び「在庫」になります。

こうした循環過程における在庫や機械設備を担保に取り、取引先の営業活動の流れを把握しモニタリングすることで、真の意味で企業の実態把握が可能となります。

ひいては、これが事業性評価融資にもつながっていきます。

さらに、当該企業の担当者は、事務所の応接間での話から工場・倉庫などの現場に足が向くようになります。それにより企業のビジネスモデルを体感することができ、今までより一歩踏み込んだ企業の実態把握・

事業性評価が可能となります。

　このように ABL への取組みは、営業店の若手行職員を大きく成長させるきっかけとなります。

（6）債権管理・回収における ABL 融資の問題点

　債権管理・回収上の１つ目の問題点は、担保処分の困難性です。

　在庫や機械設備等は、企業が通常の商取引をしている間は高い資産性が維持されますが、信用不安の状況や倒産の際には、その価値が大きく毀損してしまいます（**資料17**）。

　すなわち、在庫や機械設備等は処分マーケットが確立されていないので、処分のときには担保価値がほとんどなかったなどの可能性があるのです。

　どうしても処分できない ABL 担保は、最終的にいわゆる "バッタ屋" に言い値で売るしかなくなります。

　その前に、いかに金融マンが自身の能力で ABL 担保の売却先を捜してくるかがカギですが、それは困難を極めるものと思います。筆者の実務感覚からすると、簿価の15％程度を回収できたら御の字でしょう。

　２つ目の問題点は、思ってもみなかったことが起こりうることです。

　たとえば、賃貸倉庫内にある在庫を担保に取ったケースでは、破綻した融資先が支払うべき倉庫賃料が不払いとなっていることがあります。その場合、その担保在庫を占有するためには、倉庫賃貸先に対して倉庫料を第三者弁済する必要があります。

　最終的にうまく処分でなかった場合には、ABL 担保を取ったばっかりに、経済的損失を被ることも考えられます。

　３つ目の問題点は、担保評価です。

　金融庁は、ABL融資の積極的な活用を推進するため、金融検査マニュアルの運用の明確化（平成25年２月５日、ABL（動産・売掛金担保融資）の積極的活用について）を行っています。

　そのポイントは５つあります。

　１つ目は、「一般担保」要件の運用の明確化です。

　すなわち、ABL担保が客観的な処分可能性がある担保である「一般担保」として取り扱われるための要件において、具体的にどのような担保管理を行えば、その要件に合致するかがより明確になるような担保管理手法を例示しました。

　２つ目は、「自己査定基準」における担保掛け目の明確化です。

　金融検査マニュアル（すでに廃止されていますが、その考え方は否定されるものではありません）に、「動産・売掛金担保」の標準的な掛け目（動産担保は評価額の70％、売掛金担保は評価額の80％）の水準を記載しました。

　３つ目は、「電子記録債権」の自己査定上の取扱いを明確化したことです。

　すなわち、「電子記録債権」のうち「決済確実な商業手形」（優良担保扱い）に準じた要件を満たすものについては、「優良担保」として取り扱うことができるとしました。

　４つ目は、検査における検証方針の明確化です。

　金融機関が「動産・売掛金担保」を「一般担保」として取り扱っている場合、その適切性を金融検査で検証する際には、当面、PDCAサイ

資料16　動産担保融資モニタリングシート

動産担保融資モニタリングシート
◆取引先概要

店番	○○	店名	○○	顧客番号	○○○○○	顧客名	○○(株)
格付	D	債務者区分	その他の要注意先	取引区分	メイン・サブ・他	業種	製造業（ペレット製造）

Ⅰ:基本情報

実施日:　○年○月○日　PM3:00～4:30	前回実施日:　○年○月○日
実施者:　○○○○	会社対応者:　社長.専務

Ⅱ:取り受け資料

No.	資料名	No.	資料名
1	○年○月末試算表	4	
2	商品有高帳（期間:○年○月～○年○月）	5	
3		6	

Ⅲ:チェック項目　（基準日:　○年○月○日　）

（在庫品）　工業用ペレット

No.	チェック項目	記載欄			
1	品目別の仕入数量及び金額(商品の入)	数量	40 t	金額	24,000千円
2	品目別の売上数量及び金額(商品の出)	数量	5 t	金額	3,000千円
3	品目別の在庫数量(商品の残数)	数量	35 t	金額	21,000千円
4	保管場所(所在地・建物名・階・部屋名等)				
5	品質への悪影響が見込まれる保管状況の不備	有・無	有の場合、不備の状況を下記に記載		

（機械設備）

No.	チェック項目	記載欄
1	機械設備の作業予定(稼働時間・数量等)	10h／日(AM8:00～PM7:00まで週5日稼働)
2	械設備の作業実績(稼働時間・数量等)	8t～10t／日
3	設備場所(所在地・建物名・階・部屋名等)	本社敷地内工場
4	品質への悪影響が見込まれる保管・設置状況の不備	有・無　有の場合、不備の状況を下記に記載

Ⅳ:その他　※補足及びその他特記事項がある場合は下記に記載する。

実地棚卸　製品2ヶ月に1回、月末に実施。仕掛品・材料、年に1回、期末に実施

※モニタリングにあたり、上記項目の記載を行う。

※シート作成完了後は融資部に回付の上、営業店にて保管する。

Ⅴ：写真等貼付欄

《融資部コメント》	営業店 店名:	確認日	部店長		担当
	融資部融資課	確認日	部長	課長	

Page2/2

令和○年○月○日

○県○市
株式会社○
代表取締役　○○　殿

○○県○○市○
○○信用組合○支店
支店長　○○○○

譲渡担保権実行通知

　当組合は、貴社との間で令和○年○月○日付で締結しました「集合動産譲渡担保権設定契約書」(以下「原契約書」といいます)の規定に基づき、譲渡担保権を実行しますので本書をもって通知します。

　貴社は、今後、本物件をいかなる事由によっても処分することが禁止されます。

　貴社は、当組合の指示に従い、直ちに本物件を当組合に現実に引き渡してください。

　貴社は、当組合による本物件の引揚げが完了するまで、原契約書の規定に基づき引き続き本物件を善良な管理者の注意をもって保管する義務があります。

以上

クルが機能していれば、金融機関の取組みを尊重する方針を明確化しました。

5つ目は、ABLにより「貸出条件緩和債権」に該当しない場合の明確化です。

ABL融資には、担保資産の管理等を通じて、債務者の経営実態を金融機関が把握できる特質があることを踏まえ、仮に中小企業が経営改善計画を策定していない場合でも、金融機関がABLにより、当該企業の実態を把握したうえで、経営改善に関する資料を作成している場合には、金融検査マニュアル（中小企業融資編）の考え方に照らして、これを「実現可能性の高い抜本的な計画」とみなして、「貸出条件緩和債権」には該当しない取扱いとすることを明確化しました。

このように、金融検査マニュアルでは、ABL融資のPDCAサイクルが機能していれば「動産・売掛金担保」を「一般担保」扱いできるとされています。

金融検査マニュアルは廃止されましたが、その考え方が消滅するわけではありません。

12. 信用保証協会の免責

（1）免責と免責事由

免責とは、銀行が保証協会から代位弁済を受けられない事態をいいます。免責事由には、「旧債振替の制限違反」（1号免責）、「保証契約違反」（2号免責）、「故意・重過失による取立不能」（3号免責）があります。

1号免責の旧債振替は、保証協会付融資で銀行のプロパー融資を返済

したようなケースで発生します。他行の口座に一度振り替えたうえでの
プロパー債権への充当においても該当しますから注意が必要です。

　不渡手形の買戻資金に充当したケースもこれに該当します。

　2号免責の保証契約違反は、資金使途違反、充当担保不備や回収条件
未履行などの保証条件違反、保証条件と貸付期間の相違など、保証条件
を守らなかったケースで発生します。

　3号免責の故意、重大な過失による取立不能は、プロパー融資のみの
回収・保証付融資の放置、ひも付き融資の返済財源の開放、債権届の提
出失念など、銀行が故意や重大な過失で信用保証協会に損害を与えた
ケースで発生します。

　信用保証協会付融資は、その融資事務手続きを確実に履行すること
で、免責とならぬよう細心の注意を図ることが重要です（**資料18**）。

（2）反社債権の代位弁済
　近年における金融機関と信用保証協会との間に、付保融資において事
後的に債務者が反社会的勢力であることが判明した場合、その保証契約
につき錯誤無効が認められ免責となるかという争いがありました。
　その争いについて、2016年1月12日、最高裁は錯誤無効を否定した
判決、すなわち「金融機関が事前の調査義務を果たしていれば保証は原
則有効」との判断を下し、控訴審に差し戻しとなりました。
　これは金融機関側にとっては、歓迎すべき判断といえます。

　ただし、判決をよく読んでみると、金融機関と信用保証協会相互に債
務者が反社会的勢力であるか否かについて、その時点において一般的に

資料18　代位弁済請求書

代位弁済請求書

○○信用保証協会御中

	請求日	○ 年　○ 月　○ 日

約定書第6条に基づき、下記のとおり
代位弁済の請求をいたします。

住所 金融機関 本・支店名 代表者名	〒○○○−○○○○ ○○県○○市○○町 ○−○−○ 　　○○銀行○○支店 支店長　　○○○○　　　　　印

金融機関コード	○○○○−○○○
代理貸	

担当者	○○

電話番号	（ ○○○ ） ○○−○○○○
FAX	（ ○○○ ） ○○−○○○○

被保証人

顧客番号	○○○○○○○	保証番号	○○○○○○○

住所	〒○○○−○○○○ ○○県○○市○○町 ○−○−○ 電話番号 ○○○○−○○−○○○○
法人名	近代商事株式会社
氏名または 代表者名	近代太郎
連絡先	電話番号 ○○○○−○○−○○○○

		令和		
保証日	令和	○ 年	○ 月	○ 日
貸付日	令和	○ 年	○ 月	○ 日
貸付期日	令和	○ 年	○ 月	○ 日
利息徴求済日		○ 年	○ 月	○ 日
取引停止処分日		年	月	日
期限利益喪失日		○ 年	○ 月	○ 日

喪失事由	1.期限経過　　　　9.特別清算申立 2.取引停止処分　 10.預金(仮)差押 3.履行遅延　　　 11.差押・競売開始 4.支払停止　　　 12.取引約定違反 ⑤破産申立　　　 13.保証人取引約定違反 6.再生申立　　　 14.債権保全 7.会社更生申立　 15.行方不明 8.会社整理申立

貸付残高	円
保証割合	％

請求金額	元本	6,000,000 円
	利息	29,884 円
	合計	6,029,884 円

期限時残高	根保証確定額
円	円

貸付期限後にご請求の際は、期限時残高を記入してください。

	元金	期間	日数	利率	利息金額
請求利息	6,000,000 円	○年 9月 10日 〜 ○年 12月 20日	101 日	1.8 ％	29,884 円
	円	年 月 日〜 年 月 日	日	％	円
	円	年 月 日〜 年 月 日	日	％	円
	円	年 月 日〜 年 月 日	日	％	円

(保証口除く)

被保証人

定期預金	1,000,000 円	証書貸付	8,300,000 円	＊割引手形最終期日 　　　年　　月　　日
定期積金	円	手形貸付	20,000,000 円	
通知預金	円	手形割引	円	2号不渡 有・無
当座預金	円	(内 不渡確定分)	円	
普通預金	5,030 円	(内 不渡見込分)	円	＊独自貸普通抵当権
別段預金(当座解約金)	12,300 円	当座貸越	円	無・有(余力 千円)
出資金	円	他協会	円	
その他( )	円	保証会社 他	円	＊担保手形
合計	10,017,330 円	合計	28,300,000 円	無・有(千円)

保証人

氏名	固定性預金	流動性預金	プロパー貸付	他協会・保証会社貸付	担保
近代太郎	500,000 円	4,310 円	円	円	有・無
	円	円	円	円	有・無
	円	円	円	円	有・無
	円	円	円	円	有・無

他の連帯保証人については別紙にご記入下さい。　　　　　　　　他　　人有

説明書

事故原因	1. 売上、受注の減少(一般的商況不振)　5. 事業拡大、設備投資の過大 2. 売上、受注の減少(競争激化等)　6. 金融困難 3. 取引先の倒産　7. 経営管理の放漫 4. 回収困難　8. 災害、事故、その他(　　　)
経過	(事故に至った経緯等) 主要取引先○○○○(株)が、R○.○.○銀行取引停止処分を受けたことから連鎖倒産。 弁護士に相談したところ、自己破産申し立てを勧められて、R○.○.○破産申し立て。
現況	1. 営業中(月商　　千円)　2. 転業(　　　)　③休廃業　4. 行方不明(個人)

法的整理	債務否認／督促状況	保全措置(相殺)等
法的整理　【 ㊒ ・ 無 】 ①破産　2. 民事再生　3. その他(　　　) 申立日　(　○ 年　○ 月　○ 日) 手続開始日　(　○ 年　○ 月　○ 日) 事件番号　○ 年(7)第　○○○ 号 債権届出　【 ㊜ ・ 未済 】 *期間内に届出してください	(債務否認) ㊖ ・ 有 R○.○.○ 破産申立につき代理人弁護士に状況を聞き取り。	預金については、プロパー貸金と相殺予定。

*保証条件以外の連帯保証人も記入してください。

連帯保証人				
	氏名	近代太郎 生年月日(S ○ . ○ . ○)	生年月日(　.　.　)	生年月日(　.　.　)
	現住所	○○県○○市○○町○－○－○		
	電話	電話　(○○○○)○○ －○○○○ 携帯　(　　)　－	電話　(　　)　－ 携帯　(　　)　－	電話　(　　)　－ 携帯　(　　)　－
	勤務先又は連絡先	不明 電話　(　　)　－	電話　(　　)　－	電話　(　　)　－
	債務否認	㊖ ・ 有	無 ・ 有	無 ・ 有
	関係	代表者		
	職業			
	法的整理	法的整理　【 ㊒ ・ 無 】 ①破産 2. 民事再生 3. その他(　　) 申立日　(　○ 年　○ 月　○ 日) 手続開始日(　○ 年　○ 月　○ 日) 事件番号　○ 年(7)第　○○○ 号 債権届出　【 ㊜ ・ 未済 】 *期間内に届出してください	法的整理　【 有 ・ 無 】 1. 破産 2. 民事再生 3. その他(　　) 申立日　(　年　月　日) 手続開始日(　年　月　日) 事件番号　年(　)第　号 債権届出　【 済 ・ 未済 】 *期間内に届出してください	法的整理　【 有 ・ 無 】 1. 破産 2. 民事再生 3. その他(　　) 申立日　(　年　月　日) 手続開始日(　年　月　日) 事件番号　年(　)第　号 債権届出　【 済 ・ 未済 】 *期間内に届出してください
	(補足) 所有資産明細 督促状況 その他	(所有資産)　無 ・ ㊒ ・ 不明 ○○県○○市○○町○－○－○ 土地 330.60m² 建物 210.25m² ○○信金根抵当権30,000千円設定あり。余力なし。	(所有資産)　無 ・ 有 ・ 不明	(所有資産)　無 ・ 有 ・ 不明

行われている調査方法等にかんがみて相当と認められる調査をすべき義務を負うとしており、金融機関と信用保証会社の双方に相当の調査義務を負担させることになっています。

その観点からすると、100％保証は有効とはいいがたく、事例の内容によってはある程度の責任共有を図りなさいと読むことができます。

金融機関においては現在、反社会的勢力取引廃絶に向けて、取引の入り口段階では、相当と認められる調査を行っているとは思いますが、反社チェックは確実に行わなければなりません。

13. バルクセール

（1）バルクセールとは

バルクセールとは、一般的には、金融機関の不良債権をサービサー、外資、投資家などに束ねて（＝バルク）売る（＝セール）ことをいいます。

金融機関にとっては、不良債権最終処理としてバランスシートからオフバランスする効果があり、多くの金融機関で今ではルーチンワークとして実施されています。

金融機関が、バルクセールで不良債権を売却する際は、次のような項目から可否を判断します。

・今後の想定管理コストと売却損・償却益との比較

・現在の回収の進捗状況

・担保評価の将来下落と担保処分に要する時間との比較

・再生の可能性と地場産業、雇用など地域に与える影響の考慮

バルクセールは、数社のサービサー、投資家を集めて入札方式で行うのが一般的です。債権売却価格の妥当性を担保するには、入札が一番だと考えられるからです。

　また、その入札の一形態にチェリーピック（＝さくらんぼをつまむように選ぶ）方式というものがあります。これは売却する個別債権ごとに入札を行う方式で、束ねて売るより金融機関側としては高い価格での取引が期待できます。

　企業再生目的の債権売却では、「相対方式」（金融機関とサービサー・投資家が当初から一対一の取引で債権売却を行う）で行われることがあります。企業再生案件では、売却価格が高すぎると再生可能性が低くなるというトレードオフの関係になるため、この方式が使われることがあります。

　このように、早期に信金・信組の不良債権比率を下げるには、各金融機関の体力と相談しながらになりますが、バルクセールの手法を戦略的に活用し、実質破綻先・破綻先を徹底的に売却することが必要です。

　中小の信金・信組は、バルクセールの戦略的活用で、営業店が後ろ向きの仕事に費やしていた時間を前向きな融資推進にチェンジする発想を持つことが必要だと考えます。

　ですから営業店においても、手間のかかる不良債権先は、債権売却で早急に処理を進めることを提案します **（資料19）**。

（2）サービサーと売却された債務者

　平成11年４月に債権回収会社であるサービサーが設立されました。

　本来、債権回収業務は弁護士しかできませんでしたが、バブル経済後の膨大な不良債権処理のため、弁護士法の特例としてサービサー法が制

定され、国に認められた債権回収会社（サービサー）が債権管理・回収を業として行うことができるようになりました。

　このサービサー制度は、当然ながら金融機関の不良債権処理に、大きな役割を果たしています。

　サービサーに売却された債務者が、サービサーによってどのように処理されていくかは、融資の現場に携わる行職員には必須の知識です。
　たとえば、ある債務者に1,000万円の融資があり返済できなくなったとします。金融機関はこの債権を回収するため、1,000万円を返済してもらうまで弁済交渉を行い、ときには仮差押えをしたり、訴訟を起こすなど必死に取り組むことになります。

　一方、金融機関は早期処理を求められているので、不良債権をいつまでも残しておくわけにはいきません。そこで金融機関はサービサー等に不良債権を売却します。
　売却する不良債権は元金1,000万円とその利息・損害金一切になりますが、サービサーが購入する金額は、当然その不良債権の現在の時価（回収想定金額）をさらに割り引いた低い価格となります。

　担保不動産付きであっても、金融機関の担保評価を大きく割り込む価格とならざるをえません。担保の処分が済んで、その会社や保証人に返済能力がない場合の売却価格は備忘価格となります。

　金融機関は損切りとなるのに、なぜ、サービサーに債権を売却するのでしょうか。それは金融機関、債務者、サービサーにその時々、それぞれの利益があるからです。

債 権 譲 渡 通 知 書

令 和 ○ ○ 年 ○ ○ 月 ○ ○ 日

○ ○ 県 ○ ○ 市 ○ ○ 町 ○ ○ 番 地
株 式 会 社 ○ ○ ○ ○
代 表 取 締 役 　 ○ ○ ○ ○ 　 殿

（ 債 権 者 ）

○ ○ 県 ○ ○ 市 ○ ○ 町 ○ 丁 目 ○ 番 地 ○

○ ○ 　 信 　 用 　 組 　 合

代 表 理 事 　 ○ ○ ○ ○

　当 組 合 は 、 令 和 ○ ○ 年 ○ ○ 月 ○ ○ 日 付 を も っ て 、 当 組 合 が 貴 殿 に 対 し て 有 し て い た 後 記 表 示 の 債 権 及 び こ れ に 付 帯 す る 一 切 の 債 権 （ 以 下 「 譲 渡 債 権 」 と い う 。） を 、 こ れ を 担 保 す る 担 保 権 と と も に 一 体 の も の と し て 、 下 記 譲 受 人 に 譲 渡 い た し ま し た の で 、 ご 通 知 申 し 上 げ ま す 。

　本 書 到 着 後 は 、 譲 渡 債 権 に つ い て は 、 譲 受 人 の 指 定 す る 口 座 に 対 し て お 支 払 い い た だ き ま す よ う 、 お 願 い 申 し 上 げ ま す 。

　今後、本件に関するお問い合わせは、下記連絡先にて承りますので、その旨ご承知おきください。

記

（譲受人の表示）

○○都○○区○○○丁目○○番○号

○○○○債権回収株式会社

代表取締役　○○○○

（譲受人の指定する口座）

銀行：○○銀行　○○支店

銀行口座番号：普通預金　○○○○○○○○

銀行口座名義：○○○○債権回収株式会社

（本件のご連絡先）

〒○○○−○○○○

○○都○○区○○　○−○○−○

○○○○債権回収株式会社

担当：○○○○

電話番号：○○−○○○○−○○○○

（譲渡債権の表示）

第１．　貴殿と○○信用組合との間の下記契約証書等に基づ

　　　　く一切の債権（元本・利息・損害金の残金全て）。

　１．令和○○年○○月○○日付証書貸付の方法に基づく貸

　　　出金○○，○○○，○○○円（当初貸出金○○，○○

　　　○，○○○円）

　　　　　　　　　　　　　　　　　　　　　　　　以上

　金融機関の利益は、不良債権を売却すれば不良債権比率を下げることができます。また、売却する不良債権は引当済みの債権がほとんどのため、その売却代金が決算上で当期の利益となり戻ってきます。

　そして、手間がかかる不良債権回収業務から解放されます。

　債務者は、一時的にはサービサーからその債務の全額返済を迫られます。しかし、やがて再生・再建のチャンスが訪れます。

　債務者は、サービサーに対して、いくら返済したら債務を免除してもらえるのか、いくら払って債権を買い戻せるかの交渉ができることを知ります。

　自分に返済できる資産や収入がないことを証明できれば、サービサーも無理な回収は行いません。まして金融機関から購入した価格は、不良債権の時価をさらに割り引いた価格や備忘価格のため、妥結できる金額は現実的なものとなります。

　このように、債務者には破産せずに誰にも知られずに再起・再生できるという究極の利益があります。サービサーとしても、購入した価格以上で回収をすることができれば、その部分が利益となります。

　バルクセールは、金融機関・債務者・サービサーの各々に利益があり、徳政令というべきものです。

　また、債権売却による風評リスクやモラルハザード、トラブルを心配する人もいますが、筆者は今まで数多くバルクセールをやってきましたが、いまだかつて大きなトラブルになったことはありません。

[著者略歴]

黒木 正人（くろき まさと）

1959 年 2 月 16 日生まれ。明治大学法学部法律学科卒業。
1982 年 4 月、㈱十六銀行入行、事業支援部部長、十六信用保証㈱常務取締役を経て、
2012 年 4 月、飛騨信用組合入組。
2013 年 6 月常務理事、2017 年 6 月専務理事を経て 2019 年 6 月より理事長。

【取得国家資格】
行政書士、宅地建物取引士、管理業務主任者
【主な著書】
「支店長が読む 融資を伸ばすマネジメント」（近代セールス社 2017 年）
「経営者保証ガイドラインの実務対応に強くなる」（ビジネス教育出版社 2014 年）
「営業店担当者のための 債権回収の強化書」（近代セールス社 2013 年）
「〔新訂第 2 版〕担保不動産の任意売却マニュアル」（商事法務 2013 年、新訂版 2011 年、改訂版 2008 年、初版 2006 年）
「取引先再建のための 資金繰り改善アドバイス」（近代セールス社 2012 年）
「地域の企業再生の実務」（共著・三協法規出版 2011 年)
「事業承継の相談事例」（商事法務 2007 年）
「検査マニュアル廃止後の融資・取引先支援に強くなる講座」「融資担当者のための改正債権法がよく分かる講座」「営業店で取り組む「創業支援」講座」
（以上、「近代セールス社通信教育講座」）（共著 2020、2019、2018 年）

改正債権法に対応
新しい融資債権管理・回収の進め方

2020 年 5 月 12 日　初版発行

著　者―――黒木 正人
発行者―――楠 真一郎
発　行―――株式会社近代セールス社

〒165-0026　東京都中野区新井 2-10-11 ヤシマ 1804 ビル 4 階
電　話　03-6866-7586　ＦＡＸ　03-6866-7596

装　丁―――井上 亮
印刷・製本――株式会社木元省美堂

ISBN978-4-7650-2177-7